福建省示范性普通高中丛书

丛书主编——李迅

勇立潮头 追梦行

——德化一中

陈荣天 主编

海峡出版发行集团 | 福建教育出版社

图书在版编目（CIP）数据

勇立潮头追梦行：德化一中/陈荣天主编. —福州：福建教育出版社，2023.9
（福建省示范性普通高中丛书/李迅主编）
ISBN 978-7-5334-9755-2

Ⅰ.①勇… Ⅱ.①陈… Ⅲ.①德化一中－学校管理－经验 Ⅳ.①G639.286.53

中国国家版本馆CIP数据核字（2023）第174937号

福建省示范性普通高中丛书
丛书主编　李迅
Yong Li Chaotou Zhuimeng Xing——Dehua Yi-Zhong

勇立潮头追梦行——德化一中

陈荣天　主编

出版发行	福建教育出版社
	（福州市梦山路27号　邮编：350025　网址：www.fep.com.cn
	编辑部电话：0591-83728245
	发行部电话：0591-83721876　87115073　010-62024258）
出 版 人	江金辉
印　　刷	福建新华联合印务集团有限公司
	（福州市晋安区福兴大道42号　邮编：350014）
开　　本	710毫米×1000毫米　1/16
印　　张	11.75
字　　数	175千字
版　　次	2023年9月第1版　2023年9月第1次印刷
书　　号	ISBN 978-7-5334-9755-2
定　　价	42.00元

如发现本书印装质量问题，请向本社出版科（电话：0591-83726019）调换。

"福建省示范性普通高中丛书"编委会

丛书主编：李　迅

丛书副主编：余志丹　江金辉

丛书编委：陈　欣　龙超凡　魏建龙　徐容容

本书编委会

（按姓氏笔画排列）

主　　编：陈荣天

副 主 编：李海生　童奕鹏　赖厚利

本书编委：苏燕萍　李星健　何雅坤　张贵炤　范协民

　　　　　周明墩　郑全江　查水升　蒋培锋　颜伟斌

丛书序

高中应让孩子一生热爱

经历世间种种者回顾起自己的高中生阶段，常常有"平生不会相思，才会相思，便害相思"之感。高中阶段是一个人身心发展、自我意识和能力提高、思想观念进一步丰富的重要时期，深刻且难忘。就人才培养全过程而言，这也是非常关键的阶段，因此，"谁掌握了高中，谁就掌握了未来"！

福建省历来重视教育，前人留下"独中青坑"的佳话。当代福建中学教育更能有效帮助学生德智体美劳全面、健康、可持续发展，"高考红旗"的美誉就蕴含着社会各界对福建教育的充分肯定。新时期福建高中教育如何守正创新、勇毅前行？基于这一思考，福建省系统构建高中教育的发展，从达标到示范，从县域高中提质到乡村高中固本，从特色高中到综合高中等进行全面规划。其中，"培育创建示范性普通高中"是推进普通高中高质量发展的重要举措。

2016年4月，福建省人民政府办公厅印发《福建省"十三五"教育发展专项规划》（闽政办〔2016〕67号），要求巩固提高普通高中发展水平、着力推进优质高中建设、推动高中多样化特色发展，明确"重点建设一批高水平、高质量的示范性高中"，提出"到2020年，省级示范性高中达35所左右、若干所高中进入全国一流行列，省一级达标高中和示范性高中在校生比例达45%左右"。

2017年11月，福建省教育厅发布的《关于遴选培育福建省示范性普通高中建设学校的通知》（闽教基〔2017〕53号）提出：通过培育省级示范性普通高中建设学校，进一步强化立德树人根本任务，进一步创新教育管理机制，进一步深化课程教学领域改革，强化内涵建设，有效提高人才培养质量和办学水平，建设形成内涵深厚、质量优异、特色鲜明、高考综合改革成果突出、社会公认、辐射带动作用显著的省级示范性普通高中35所左右，其中若干所教育教学改革取得重大突破，成为有全国影响力的知名高中。

经各地市推荐，2018年福建省教育厅将44所学校立项为首批示范建设高中，建设周期为2018年至2021年；强调学校应在办学理念实践、学校文化创建、教师专业发展、体育与健康教育、社会服务、特色发展等方面充分发挥示范作用，引领全省普通高中多样化有特色发展，力争在教育教学、教育管理等方面改革取得重大突破，发展成为有全国影响力的品牌高中，若干所跻身国际知名高中行列；要求坚持开放办学理念，立足当地、影响全市、辐射全省，每所示范建设高中须重点选择省内不超过4所公办普通中学开展对口帮扶（帮扶期与示范高中培育建设期同步），提高公办独立初中与公办薄弱高中办学水平，实现示范高中建设效益最大化。同时明确，项目建设实行"省级统一指导、市县协调推进、学校具体实施"的管理体制，按照"一校一案"组织实施；预发《福建省示范性普通高中建设学校过程评价及确认评估指标（试行）》，适时组织专家组进行过程性指导与评价。

省教育厅决定探索学校教育综合评价新路，提出"评估必须利于所有高中学校的真正发展"的基本原则，组成的评估组必须以"不找学校报材料、不给学校增负担"为要求，构建"大数据搜集、多维度分析、分层级对标"模式，提高监测评估信息化水平，适时开展调度评析，主要指出各学校在培育过程存在的问题，以进一步提升学校内涵。评估开展前期，省教育厅邀请华东师范大学等教育专家对此项工作进行了实地且系统的指导，于2020年1月正式组建"福建省示范性高中研究组"（即评估组），成员由省教育科学研究所、省普通教育教学研究室、省电化教育馆等研究机构相关专业人员组成；在省教育厅全过程指导下，福建省示范性高中研究组对示范性高中项目建设开展常态化监测评估，召开中期或阶段或年度评估过程协调会议，及时指导学校有的放矢地发展，适时提交相关报告供决策参考。

2022年，确认30所学校高中部为"福建省首批示范性高中"，示范期为三年（2022年至2024年），在示范期满后结合示范辐射情况重新予以评估确认，其余14所暂未认定的示范建设高中继续推进示范创建工作，在一年后视建设推进情况再行组织评估审核确认工作。同年，15所学校被立项为第二批示范建设高中，建设周期为2022年至2025年。

新时代，党中央、国务院高度重视普通高中教育，从高考综合改革、新课程新教材实施、评价改革、办学活力激发等方面作出顶层设计，大力推进普通高中育人方式改革，推动普通高中多样化特色发展，促进学生全面而有个性地发展，为学生适应社会生活、高等教育和职业发展作准备，为学生的终身发展奠定基础。福建省坚持以习近平新时代中国特色社会主义思想为指导，全面贯彻党的教育方针，落实立德树人根本任务，坚持五育并举，深化育人关键环节和重点领域改革，围绕加强党建引领、创新课程体系、改革育人方式、优化管理制度、提高教师素质、改进评价方式等重点任务，持续推进示范高中建设，充分彰显优质学校办学风格，健全完善优质学校辐射带动区域教育发展的有效机制，助力加快构建优质均衡基本公共教育服务体系，促进我省普通高中优质创新发展、多样特色发展。省教育厅要求，30所首批示范性高中，应结合示范辐射定位，着眼于全方位高质量发展，自行确定优势特色项目，积极创建综合优质品牌高中，或聚焦某一方面特色优势，着力打造高水平特色示范高中。同时，要主动担当，勇于作为，充分发挥示范辐射作用，实施全方位深度结对帮扶，促进对口学校办学质量和水平显著提升，不断扩大优质教育资源覆盖面。

党的二十大首次作出"教育、科技、人才"三位一体战略部署，对下一阶段推进普通高中育人方式改革提出新的更高要求。站在新的历史起点上，如何总结提炼三十所首批示范高中的办学经验，进一步推动我省高中教育发展？在福建教育厅的支持下，在福建教育出版社的帮助下，福建省基础教育研究院（德旺基础教育研究院）拟推出"福建省示范性普通高中丛书"。期待这套书的出版能努力做好福建普通高中高质量发展的时代答卷。为此，一要紧紧围绕国家重大战略的人才需求，科学设计拔尖创新人才培养机制与路径，提高人才自主培养质量；二要紧紧围绕育人目标，推进学生综合素质的科学评价及有效运用，切实破除"唯分数论"的顽瘴痼疾；三要紧紧围绕学生发展的多样化需求，实现普职融合；四要紧紧围绕智能时代带来的机遇与挑战，实现教师角色转型及高中教与学的深度变革，不断提升育人质量。

新时代，新气象，愿示范高中大胆探索，改革创新，成为落实立德树人、人才培养创新、课程教学改革、教师队伍建设等方面的示范，引领和带动全省普通高中以及基础教育各级各类学校高质量发展，续写示范高中项目建设的新篇章。

李 迅

2023年9月1日

序

《勇立潮头追梦行——德化一中》即将付梓，受邀撰写序言，对此，我兴奋且敬畏。作为德化一中的一名校友，这让我回忆起在校园度过的那些美好而宝贵的时光，重新燃起对教育的热爱和追求。我兴奋地想为德化一中这片沃土写下赞美之词，但同时又怀揣敬畏之情，生怕自己的文字难以表达出学校的丰厚底蕴和卓越成就。

如同一座宏伟的建筑，德化一中的百年辉煌就是由一块块带着历史余韵、人文风采的"砖石"交织、堆砌而成的。地处闽中山区的德化，教育事业经历了漫长而艰难的发展，见证了岁月的变迁，逐步走向豁然开朗。德化一中作为这一传承的杰出代表，凝聚着德化人民的教育情怀，其精神财富和实践探索在一代又一代师生的努力下，早已形成了卓越的办学思想和育人成果。

教育是一所学府的立身之本，德化一中的老师们努力贡献自己的力量，将教育事业发扬光大。在这里，名师云集、英才荟萃，在教育事业道路上，他们坚守初心，不断追求卓越，将个人的才智和敬业精神融入到教育中，为学生成长、成人、成才注入了源源不断的力量。正是这些优秀的教师推动了德化一中的快速发展，他们以"勤奋、严谨、求实、创新"的校训作为教育的基石，践行着立德树人的教育理念，呵护着一代又一代的学子茁壮成长，努力为社会培养时代新人。

德化一中不仅注重学生的学业成绩，更注重培养学生的综合素养。学校积极推行素质教育，鼓励学生发展自己的特长和个性，培养他们的创新意识和实践能力。学校拥有丰富的校本课程资源和完善的教育设施，给予学生广泛的学习空间和积极的成长平台。从乐于助人的服务活动到学生自治组织的发展，从富有启发的实践课程到基于地域优势的特色办学内容，德化一中致力于促进学生全面发展，引导他们成为有道德情操、家国情怀和社会责任感的新一代优秀人才。

德化一中的办学思想与办学成绩彰显了德化教育的卓越品质。教育事业最重要的使命是塑造品德，最光荣的业绩是培养出大量人才。德化一中的教育者以实际行动证明了他们对教育事业的执着和追求，有幸成为福建教育发展的探索者之一。

《勇立潮头追梦行——德化一中》一书的出版是对德化一中办学成果的回顾与总结。这本书通过文字和图片相结合的形式，记录了德化一中的辉煌历程和富有创新的办学理念，向读者展示了德化一中的文化积淀、办学经验和独特魅力，让读者了解德化一中的精神，借鉴他们的成功经验，将德化一中的魅力传递给更多的人。

该书是德化一中教育枝头开出的创新之花，我衷心希望有更多人感受到这朵花的芬芳，并且也献出自己的教育之花，在福建乃至全国的教育"花园"中增添别样的风华。祝愿德化一中的明天更加美好！

林冬青
2023 年 7 月 12 日

注：林冬青，德化一中初 39 组、高 19 组校友。曾任德化县教育局局长，福建省教育管理信息中心主任等职。

目录

福建省德化第一中学简介 …………………………………… 1

第一章　落实党建引领　学校发展有"方向" …………… 5
　一、党建用心统筹全局，方向更明 ………………………… 6
　二、工作成果亮点纷呈，基础更实 ………………………… 14
　三、特色平台重点突出，满意更多 ………………………… 15
　四、未来设想规划清晰，形势更好 ………………………… 22

第二章　强化立德树人　德育工作有"思路" …………… 24
　一、立德树人夯基垒台，不断优化 ………………………… 24
　二、德育体系立柱架梁，更加完善 ………………………… 35
　三、德育导师久久为功，卓有成效 ………………………… 38
　四、内在要求着眼长远，更加坚定 ………………………… 39

第三章　重视队伍建设　学校发展有"后劲" …………… 42
　一、队伍建设纲举目张，全面提升 ………………………… 43
　二、教师成长步伐加快，竞相迸发 ………………………… 54
　三、"提升月"打磨匠心，苦练内功 ……………………… 57
　四、对准问题靶向施策，活力增强 ………………………… 63

第四章　着眼课程建设　科学规划有"方案" …………… 67
　一、课程建设逐步优化，日益健全 ………………………… 68
　二、教育教学全面推进，更趋协调 ………………………… 70
　三、课程体系初具规模，健康发展 ………………………… 73
　四、立足当前一抓到底，落到实处 ………………………… 79

第五章　抓好体美劳育　全面发展有"引擎" ········ 81
一、五育并举握指成拳，求真务实 ········ 82
二、体美劳育精准发力，成效明显 ········ 99
三、五育融合统筹兼顾，取得突破 ········ 100
四、区分情况理清思路，纵深推进 ········ 107

第六章　承担改革任务　积极实践有"力度" ········ 109
一、改革任务抓在日常，有序推进 ········ 110
二、改革建设积厚成势，成效显著 ········ 116
三、信息强师助推改革，优化提升 ········ 119
四、紧跟时代明确任务，引向深入 ········ 121

第七章　推进帮扶工作　示范引领有"作为" ········ 123
一、结对帮扶善作善成，均衡普惠 ········ 123
二、找准问题开对方子，合拍共鸣 ········ 126
三、精准帮扶干在实处，成果丰硕 ········ 129
四、帮扶要素准确把握，有的放矢 ········ 138

第八章　坚持特色办学　传承文化有"成效" ········ 139
一、特色办学谋划全局，厚植优势 ········ 139
二、项目推动抓纲举目，多点开花 ········ 155
三、特色活动精益求精，形成品牌 ········ 159
四、科学部署凝聚共识，创新引领 ········ 167

第九章　加快学校发展　办学效益有"质量" ········ 169
一、教育教学锐意进取，硕果累累 ········ 169
二、举旗定向扎实推进，实绩惠民 ········ 172

后记 ········ 174

福建省德化第一中学简介

学校全景图

  福建省德化第一中学坐落于中国瓷都德化凤凰山南麓，肇始于1923年2月创办的"德化县立初级中学"，首任校长陈其英。创办初期，校址设在县城内考棚，由于兵燹，移至大洋山南麓县文庙边的训导署，后又移至文庙内明伦堂。1928年8月，学校更名为"德化县立培风初级中学"。1934年7月，学校奉令更名为"德化县立简易乡村师范学校"。1937年，并入惠安县立简易乡村师范学校。1938年，为解决本地学生升学困难，蒙多方捐助，成立"德化县私立培风初级中学"，校址仍在文庙。1940年7月，私立培风初级中学奉令停办。1942年，经地方人士努力争取，获准复办德化县立初级中学，借用浔中宝美村苏氏祠堂为校舍。1946年春，省立晋江中学返回原址，县立初级中学迁回县文庙。

1949年11月，德化县人民政府接管县立初级中学。1950年春季，学校更名为"福建省德化初级中学"。1951年3月，更名为"德化第一中学"。1952年秋，增设高中部，更名为"福建省德化第一中学"并沿用至今。1981年，被省教育厅确定为福建省重点中学。1993年10月，被省教委确认为"福建省普通中学二级达标学校"。2001年秋，开始实行初、高中分离办学。2002年2月，被省教育厅确认为"福建省普通中学一级达标学校"。2003年秋，实现"完全中学"到"高级中学"的转变。2005年4月，通过省级示范性高级中学市级验收。2018年12月，通过省一级达标复查并入选"福建省首批示范性普通高中建设学校"。2022年2月，被确认为"福建省首批示范性普通高中学校"。

校标

截至2023年春季，学校占地面积8.9万平方米，建筑总面积4万多平方米，环境优美，设施齐全，拥有标准的教学楼、科学实验楼、体育场、体育馆、图书馆、心理辅导中心等教育教学设施。现有47个教学班，在校学生2240余人。学校现有教职员工227人，其中特级教师2人，正高级教师3人，"全国'五一'劳动奖章"获得者1人，"福建省先进工作者"3人，高级教师89人，硕士研究生学历教师22人，市级以上学科带头人、骨干教师50人。2023年秋季，学校霞田校区投入使用，规划招收初中18个班、高中18个班。

民国期间，学校隶属福建省教育厅直接管理，实行校长负责制，逐渐形成较为完善的管理制度。中华人民共和国成立后，学校隶属晋江地区专员公署文教科。学校组建校务委员会，实行集体管理。1957年以后，实行党支部领导下的校长负责制。1960年以后，隶属德化县人民政府。1961年以后，实行当地党委和主管教育行政部门领导下的校长负责制。"文化大革命"期间，县革命委员会派工作组进驻学校，成立学校革命委员会。1977年8月，学校恢复校长负责制。20世纪80年代以后，学校逐渐完善以校长负责制为核心的学校管理体制。

学生发展指导中心（左），科学楼（右）

学校创办初期，设有学监、教务主任、庶务主任协助管理学生、教学、财务等事务。后因校务需要，逐渐形成教务组、教导组、出纳组、庶务组、童子军组等职能部门。同时，设有稽核委员会等监督部门。20世纪50年代，学校设有教务处、事务处、校务委员会、经济委员会、生活指导委员会。20世纪80年代以后，设有办公室、政教处、教务处、总务处等中层机构。2002年，政教处更名"学生处"；增设"教育科学研究室"。

1934年，学校以"致知力行"作为校训，强调学以致用、致知与力行相辅相成，要求青年学生：劳心劳力均衡发展，自立立人服务农村，成为体魄健康、行为模范的公民。20世纪80年代，学校根据时代要求，结合学校实际，确定"勤奋、严谨、求实、创新"的校训，逐步形成"团结、文明、求是、进取"的校风，"刻苦、好学、勤思、善问"的学风，"敬业、爱生、求精、善导"的教风和"校园文学、陶瓷艺术"的办学特色。

建校以来，学校立足山区县域实际，持续进行教育教学改革，赢得社会各界的普遍认可，多次受到上级表彰，连续多届被评为福建省"文明学校""文明校园"；先后被授予全国"心理辅导特色学校""中央教科所重点实验校""全国青少年校园冰雪运动特色学校"，教育部"网络学习空间应用普及活动优秀学校"，福建省"教育科研基地""高中新课程改革样本校""德育工作先进集体""师德建设先进集体""绿色学校""平安校园""模范职工之家""民主管理先进单位""综治先进单位""花园式学校"，以及泉州市"先进基层党组织""中小学德育工作先进集体""国防教育先进单位"等荣誉称号，截至2023年春季，学校共招收初中66组（1923—2003年）、高中63组（1952—2023年）学生，毕业生近5万名。

第一章

落实党建引领　学校发展有"方向"

习近平总书记在中央全面深化改革委员会第二十二次会议上指出："加强党对教育工作的全面领导是办好教育的根本保证，要在中小学校建立党组织领导的校长负责制，把政治标准和政治要求贯穿办学治校、教书育人全过程各方面，坚持为党育人、为国育才，保证党的教育方针和党中央决策部署在中小学校得到贯彻落实。"作为基层学校党组织，德化一中党总支认真践行为党育人、为国育才的崇高使命，履行把方向、管大局、作决策、抓班子、带队伍、保落实的领导职责，以"党建+"为载体，通过"三个三"党建工作机制发挥党员先锋模范作用，依托"一体两翼"工作方法紧抓思政课程与特色办学，深入开展社会主义核心价值观教育，厚植爱党、爱国、爱人民、爱社会主义的情感，努力培养德智体美劳全面发展的社会主义建设者和接班人。

学校党总支目前党员108人，占全校教师的48%。学校党组织的建设经历了长期的发展过程。1949年11月24日，德化解放。1954年5月成立党小组，1957年10月单独成立党支部，实行党支部领导下的校长负责制。"文革"期间，党支部工作处于停顿状态。1978年2月，学校恢复党支部建制。随着党员教师人数增加，1995年9月8日，德化一中党总支成立，下设三个支部。1998年9月，党总支成立党建领导小组，并于2001年设党建办公室。2008年成立党务公开工作监督小组，2009年6月，聘请党风廉政监督员与民主评议政风行风代表，2010年，实行《德化一中党总支集体领导和个人分工负责制度》。学校党组织逐步完善的过程中，先后获评"先进基层党组织"（1999年，市级）、"先进基层党组织"（2004年，县级）、"五好"先进达标支部（2004年，县级）等。党组织建设的逐步完善为履行"把方向、管大局、作决策、抓班子、带队伍、保落实"职责奠定了基础。

一、党建用心统筹全局，方向更明

（一）要充分发挥党组织政治核心作用

为确保学校牢牢抓住实现跨越发展的历史机遇，德化一中党总支在关键时刻发挥党组织的政治核心作用，凝聚校内外各方力量推动省级示范高中建设工作，形成了以全体教职员工为基础，创建工作管理团队为先导，县委县政府及广大校友为支撑，戮力齐心、集思广益的建设工作格局。

1. 发挥引领作用

在省级示范高中建设之初，面对考核标准，学校从管理团队到普通教师都认为差距过大，并产生"能不能做到""会不会产生效果""有没有资金保障"等疑问。在关键时刻，为确保学校未来规划落地，使建设工作有序推进，抢抓学校实现跨越发展的历史机遇，学校党总支发挥党组织的政治核心作用，在领导班子中坚定干事创业的信心和决心，在中层干部中明确创建工作的方向和路径，在全体师生中提出自我提升的目标和要求，把所有人的事业热情引向建设工作，为"依托省级示范高中建设实现学校教育教学质量全面提升"的工作目标定下基调。全校上下凝聚共识，不断增强推进改革的责任感和使命感，促进"心往一处想，劲往一处使"的工作氛围全面成熟，努力朝着"建设特色鲜明的优质示范高中"的目标坚定前行。

图1-1
2020年6月23日，党总支书记、校长陈荣天向全校教职员工作示范高中建设评估标准解读、学校现状分析、对策寻求等

2. 汇聚各方力量

面对示范高中建设，单靠学校自身努力不够，须各方同向聚力。为争取政策和资金支持，学校党总支主动向县委县政府寻求支持。县委县政府高度重视学校建设工作，时任县委书记和县长多次到学校开展专题调研和现场办公，成立了以分管副县长为组长，县政府办有关负责人、县教育局长为副组长，县委编办、县财政局、人社局等相关单位分管领导，学校校长，县教育发展基金会理事长为成员的工作领导小组，做到县级统筹、部门协调，形成合力，并出台《德化县人民政府办公室关于印发助推德化一中补齐短板争创福建省示范性普通高中工作方案（2019－2021年）的通知》，为学校教育教学改革发展创造良好条件，确保学校省级示范性高中建设工作顺利推进。同时，学校党总支积极联络社会贤达、学校校友，共同关心、助力学校发展，为示范高中建设积极建言献策，先后筹集2000多万元资金，以加强学校软硬件建设，创造良好的教育教学环境。

图 1-2

2018年11月23日，县委书记梁玉华到学校现场办公，副县长张秋英，以及县委编办、县财政局、人社局、教育局，县教师进修学校，县教育发展基金会等负责人一同参加

图 1-3

2019年4月4日，县长黄文捷到学校调研，要求学校以省示范高中建设学校为契机，提升软、硬件建设水平

图 1-4

2018年11月27日，经县人民政府研究同意，县人民政府办公室印发《关于助推德化一中补齐短板争创福建省示范性普通高中工作方案（2019—2021年）》

3. 组织分工明确

为扎实推进示范高中的培育建设，学校党总支在上级党组织的指导下，调整充实了以校长为组长，校级领导为副组长，处室正副主任、年级正副段长、学科教研组长为成员的福建省示范性普通高中建设领导小组，分工明确、责任到人，形成项目协同开展、处室具体推动、师生积极参与的工作态势，对照相关标准，经过研讨、打磨、定稿等过程，形成一一对标、能够落地的建设方案，并认真按照建设方案中的时间表和路线图深入实施、坚决落实。学校党总支先后召开8次"省级示范高中建设推进会"，对创建工作及时总结、快速整改、适时调整，并根据时间表，对照建设方案进行收账管理，对工作推进存在问题的小组及时约谈，有效保证了工作进度和实效。

图 1-5

2018年1月29日，党总支组织召开专题会制订硬件设施建设规划

图1-6

2020年6月22日，党总支组织召开专题会，对标找差，明确示范高中建设下阶段整改工作

图1-7

2020年12月25日，党总支组织召开示范高中建设专题研讨会

（二）要善于挖掘"党建＋"的融合促进作用

抓好党建促发展，检验党建看发展。近年来，学校党总支围绕中心发展抓党建，以"党建＋"构建了纵向衔接、横向贯通的工作体系，积极推动党建工作与中心业务双融合、双促进，推动学校教育教学高质量发展。

1. "党建＋思政"丰富思政课程内容

（1）学校党总支以党员教师为根基，围绕以班主任为班级德育团队核心，思政教师为学科德育渗透核心的"双核心"思路打造学校德育队伍，拓宽思政教师队伍范围，实现全员育人、全科育人的协同效应。

（2）以学生业余党校为点，以县域资源为面，依托中共福建省委旧址（坂里）、中共德化支部旧址和戴云之战革命历史陈列馆等丰富的红色资源，开展"我为家乡红馆代言"、群体研学等活动，开展"四史"教育，传承红色基因，继承优良传统。

（3）以文庙、10个县级家风家训馆等为载体，开展国学讲堂、"我家的家风"主题班会、参观交流等活动，弘扬中华优秀传统文化和家庭美德，用民族文化和良好家风涵育道德品行。

（4）以德化窑址成为中国第56项世界遗产为契机，以"陶瓷艺术"和"校园文学"特色办学为抓手，引导学生关注家乡特色产业，主动扮演德化白瓷非遗保育角色，将学生成长与推进地方白瓷艺术发展相融合，培养学生爱国、爱乡情怀。

2."党建＋成长"助力教师素质提升

（1）为激发党组织活力，打造想干事、能干事、干成事的人才队伍，学校党总支坚持开展"双培养一培育"工作，即把符合党员条件的优秀中青年骨干教师培养成党员，把党员培养成骨干教师，把党员骨干培育为学校管理人才。各支部书记作为党支部"双培养一培育"工作的第一责任人，通过及时关注、定期把脉，对被培养人开展思想引导、工作指导、发展向导，让被培养人感受党组织的关怀，拉近与党组织的距离，增强被培养人的主动意识、成功信念。

（2）学校党总支牵头制定学校教师专业素质提升思路和支持政策，根据教师不同成长阶段的专业素养提升需求，形成学校教师"分层培养"体系，为新教师、中青年骨干教师、高层次教师提供分类服务，加速教师专业成长；借助友好学校、合作高校、教学联盟等各种资源，为学校教师构建"走出去、请进来"的教育培训平台；指导学校工会、教学与科研管理部门共同打造"教师素质提升月"，以丰富的教研活动、展示平台，推动教师素养提升。

3."党建＋邻里"打造立体德育网络

学校党总支高度重视"党建＋邻里"工作，结合"我为群众办实事"实践活动，本着"优势互补、资源共享、同创共建、和谐发展"的原则，积极构建学校、社区、家庭三位一体的教育格局。

（1）充分发挥学校的教育资源优势，党员教师的先锋模范作用和专业素养，定期开展家庭教育专题讲座、提供家庭教育咨询、志愿填报指导、心理健康热线、志愿服务活动、助学结对帮扶等共建方式，让学校的教育资源辐射到周边社区与群众，努力为群众提供有品质、有温度的教育惠民服务。

（2）借助社区等共建单位的社会资源优势，组织学生开展社区服务、职业体验、行业代表交流等活动，积极引导学生深入了解和接触社会，不仅有效提高他们的社会实践能力，更有利于学生对不同职业形成初步概念，帮助他们对未来成长进行职业规划，明确自身努力方向。

（3）连续13年扎实开展与盖德镇有济村党支部的校村共建，围绕制度共建、组织共建、队伍共建、资源共享的共建思路，积极开展政治理论互助学习、文化与科技下乡、送温暖献爱心、助力人才培养等多种活动，为有济村"乡村振兴"工作贡献力量。

（三）要不断探索党建工作的实施路径

抓党建从工作出发，抓工作从党建入手。三年来，学校党总支明思路、建机制，积极探索党建工作的新路径，突出"一体两翼"党建工作思路，推动德育工作与办学特色创新发展；建立"三个三"党建工作机制，推动队伍建设提质增效。

1. 坚持"一体两翼"党建工作思路

学校党总支坚持"一体两翼"党建工作思路，即坚持党建与德育工作融为一体，坚持培育"陶瓷艺术"与"校园文学"办学特色，推动学校德育与办学特色创新发展，为党和社会主义建设事业培养合格后备人才。

（1）"一体"即党建与德育工作融为一体。学校以立德树人为根本任务，将社会主义核心价值观培育与德育课程有机融合，不断探索与完善新形势下德育工作的方法与途径，把科学发展和创新思想贯穿于学校德育工作中，使之既生动活泼又扎实有效，开创了学校德育工作新局面。

一是根据学生不同阶段的成长特性，打造高一"家国与理想"，高二"团结与实践"，高三"感恩与奋进"的分级德育体系；二是将研学活动与职业体验相融合，以党建交流为突破口，组织学生深入陶瓷企业、玻璃制造、银行、消防等企事业单位，开展职业体验与志愿服务活动；三是先后开办22期学生业余党校，培养2700多名积极分子，为党和社会主义建设事业培养合格后备人才。通过这些工作，我们在教育和引导学生践行社会主义核心价值观等方面，取得了一定的成效。今后，我们将继续对"培养什么人、怎样培养人、为谁培养人"这一根本问题进行探索和研究，用心培育一中学子优良的能力素养和未来公民的为民情怀。

（2）"两翼"即坚持培育"陶瓷艺术"与"校园文学"办学特色。学校党总支组建了一支大部分由党员组成的办学特色教师团队，在这个办学特色团队中，党员教师充分作出表率，他们践行"五带头"，热情投入到提升教育质量、促进学校办学特色发展的创先争优中，先后克服经验不足、专业素质欠缺等困难，多方探索、主动学习，确保特色办学设想获得实施，使办学特色活动经常化、规范化，活动内容更加丰富，教育主题更加鲜明。

在校园文学方面，以语文组党员教师为先锋，先后开设涵盖"名著鉴赏""创作指导""语文读本"等三大类的十余门与文学相关的选修课程，为不同阶段、不同层次的学生提供文学创作、欣赏等方面的帮助和提升。在陶瓷艺术方面，学校党总支领导班子率领美术组教师和特聘陶瓷艺术教师先后构建以"陶瓷鉴赏""陶瓷文化"两门必修课以及"陶瓷雕塑""陶瓷绘画""瓷花艺术""手拉坯技艺""陶瓷英语"等五门选修课为主的陶瓷艺术课程，彰显地方特色，培育学生审美素养。

2. "三诺三比三争"增强党建实效

为增强党建工作实效，切实转变工作作风，形成榜样带动的力量，促进学校教育教学稳定发展，学校党总支结合学校实际，组织开展"三诺三比三争"（承诺、践诺、评诺；比技能、比作风、比业绩；争当学习先锋、争当师德先锋、争当教学先锋）主题实践活动，以党员教师带动普通教师，在校园内形成"同最强的比、向最好的学、向最高的攀"的"比学赶超"氛围。

（1）以"三诺"赢得群众满意

承诺。全校党员教师紧紧围绕学校中心工作，结合"我为群众办实事"要求，根据自身能力特长和岗位职能等实际，重点从学习、工作、自律、服务四个方面，提出合理可行的承诺事项。支部对党员提出的承诺事项认真审核把关，重点察看承诺内容是否符合要求，体现先进性，是否联系本职岗位，体现主动性，是否符合实际，具有可行性。对联系实际不够紧密的，督促加以修改完善；对不具备可操作性的，督促重新提出承诺事项，承诺事项审核通过后，利用党务、校务公开栏，以公开承诺书等形式，向全体党员群众公开，主动接受监督。

践诺。全体党员教师明确完成时限，按照承诺事项，积极行动，主动作为，确保按时高效完成。支部对党员践诺情况实行全过程跟踪、全方位监督，推行承诺践诺事项销号管理，完成一项、销号一项，每月一记录，每季度一检查，每半年一通报，对完成不及时、效果不理想的督促及时整改，确保诺必践、践必果。

评诺。每年年终，支部组织党员教师采用自我评价、群众评议、领导点评相结合的办法，对党员践诺情况进行综合评议。群众评议原则上以支部为单位进行，参加评议的主体包括非党员教师、学生、结对共建负责人等，参加测评的群众认真听取党员介绍自身承诺践诺情况及自我评价后，通过填写满意度测评表等多种方式，进行评议。

（2）以"三比"激发党员动力

比技能。党总支积极为全体教师搭建专业成长的平台，举行片段教学、说课、命题解题、现场论文、信息技术与学科融合等教学技能竞赛，以赛促学，引导教师勤钻研、练技能、强素质。

比作风。通过开展文明服务、微笑服务、诚信服务、廉洁服务、优质服务，引导广大党员教师在师德师风建设上主动作为，促使更多教师服务态度明显改善、工作作风有效转变。

比业绩。组织党员立足岗位发挥作用，对承诺、践诺、服务群众等情况进行量化考核、评定档次，进一步激发履职尽责创先进、立足岗位争优秀的内在动力，为学校各项工作的高效开展产生积极推动作用。

（3）以"三争"树立党员模范

争当学习先锋。党总支组织党员开展多种形式的政治理论学习，通过订阅《习近平谈治国理政》等书籍，邀请专家学者作党建专题辅导讲座，召开党支部书记学习交流会等，引导全体党员干部加强学习，认清形势、坚定信心、增强本领、振奋精神，不断提高政治判断力、领悟力、执行力，将学习成果转化成推动教育高质量发展的坚实理论基础。

争当师德先锋。党总支坚持以党建为引领，以立德树人为根本，通过"三会一课"、主题党日、志愿服务等形式，聚焦教师的师德师风和专业素养发展，引导党员教师提高依法执教、廉洁从教的自觉性，增强教师的职业使命感、责任感和光荣感。针对教师师德师风建设中存在的突出问题，聚焦重点对象，深入开展自查自纠、谈心交心活动，努力打造出一支"爱岗敬业、爱生乐业、爱教创业"的"师德高尚、师风纯正、师能精良"的教师队伍。

争当教学先锋。为提高党员教师的业务素质和综合文化素养，党总支要求全体党员积极进行新课程改革探索，深入扎实开展各类课题研究，将新的教育观、人才观、质量观、师生观贯穿于教育教学过程，争做研究型教师。同时，学校党总支以发现典型、树立典型和典型带动的工作方法，引导党员"争当教学先锋"向深层开展，学校启动实施"名师工程"，在通过自己申报、学校考评、现场抽课备课上课、现场撰写论文等严格的考核过程后，把师德高尚、教学业务能力强、教研热情高、教研成果显著的教师推选为各级教学名师，使其充分发挥典型示范作用。

通过积极开展"三诺三比三争"工作，党员教师的综合素质、服务效能、服务水平和工作效率明显提高，师生及家长对党员的满意度明显提升。

二、工作成果亮点纷呈，基础更实

（一）示范高中建设开花结果

经过三年的建设培育期，学校克服重重困难，逐一攻克建设指标难点，教育教学质量大幅提升，获得社会各界的高度好评。2022年3月，学校被正式确认为"福建省首批示范性普通高中学校",迎来大有可为的历史机遇。

(二)全员德育体系取得成效

学校以党员教师为根基的德育工作案例——"立德树人背景下的高中德育导师制"入选福建省教育厅"第三批'一校一案'落实《中小学德育工作指南》典型案例"名单,为同类学校组织开展全员、全过程、全方位的德育工作提供积极有益的案例参考。

(三)党建典型案例获得肯定

2022年,学校党建案例《福建省德化第一中学:一体两翼,凤凰高飞》《福建省德化第一中学:开展"三诺三比三争",增强党建工作实效》入选《中国教育报》在全国范围征集的"学校党建创新案例"活动,并在《中国教育报》客户端分两期进行刊发宣传。

(四)"双培养"得到显著效果

通过三年稳步推进"双培养"(把教育教学骨干培养成党员,把党员培养成教育教学骨干),学校的教学教研氛围更加浓厚。25名党员教师在各级各类竞赛中获奖,30名党员骨干教师成长为各级各类骨干教师、学科带头人,为地区学科的发展贡献了积极力量。26名党员教师获得各级各类荣誉,先锋模范作用更加凸显。学校各部门及各年级管理人员中党员骨干作用发挥明显,4名党员通过跟班培育,走上学校中层管理岗位,在工作中履职尽责,作出重要贡献。

三、特色平台重点突出,满意更多

(一)创办业余党校,吸引优秀青年

中国共青团是党的助手和后备军,共青团中的优秀分子是党稳定的生力军来源。德化一中党总支、团委会于1999年创办学生业余党校,对学校中的优秀青年学子进行党的基础知识普及、共产主义信念教育,吸引优秀青年学子主动向党组织靠拢,经过二十多年的实践探索,取得了可喜的成绩。

1. 健全组织设置，抓好师资建设

学生业余党校采用党校校长负责制，即党总支书记任党校校长，副书记任党校常务副校长，党校另设有"讲师团"，聘请总支委员、团委老师、上级领导、党建专家等为"讲师团"成员。此外，每期培训班设班长1名，一般由学生会主席担任，各班团支书任小组长。把强化管理和强调学员自治、自我约束结合起来，形成较为合理的教育管理网络。

图1-8

2022年2月20日，学校党总支举行第21期学生业余党校结业典礼，110余名业余党校学员参加，党总支委员和团委书记出席

图1-9

2022年2月26日，学校党总支举行第22期学生业余党校开学典礼，学校党总支委员和131名品学兼优的高二年级新学员参加

2. 严格组织管理，确保学习实效

业余党校制定了严格的规章制度，本着"自愿参加、精选毋滥"的原则，重点吸收优秀团员青年为党校学员，经个人申请、团支部推荐、团委审核、党总支批准成为正式学员，予以张榜公布。二十多年来，学校业余党校共吸收、培育了2700多名学员，做到每期学员有登记表、考勤表、听课记录、活动记录、思想汇报等完备材料，经考核合格后，发给结业证书，并由团委统一整理学员档案，做到一人一档，在学员毕业离校后统一移交给高校。

图 1-10

2022年4月24日，学生业余党校全体学员齐聚科学楼学术报告厅，认真听取学校党总支副书记苏诗川主讲的题为"学党史 悟初心 担使命"的专题党课

图 1-11

2022年6月12日，学生业余党校全体学员在科学楼陈少岳礼堂听取了党总支组织委员兼党建办公室主任蒋培锋老师主讲的党课"中国共产党章程的发展历程"

3. 精心设计教学，讲究教育实效

学生业余党校不仅重视党的基本知识、党章、习近平新时代中国特色社会主义思想等政治理论学习，更重视理论联系实际，在政治理论学习、讲座报告、知识竞赛之外，每学期还安排3次至4次的社会调查、研学活动、乡村实践、志愿服务等活动，力求使每一个活动都能在学员的成长过程中留下深刻的印象，引导学员把"知党、爱党"思想和"跟党走"的实际行动有机结合起来。

图 1-12

2019年3月1日，学生业余党校组织学员代表参观德化革命历史纪念馆，铭记红色事迹，缅怀革命烈士，接受爱国主义教育熏陶

图 1-13

2021年6月6日，学生业余党校组织学员代表到中国白博物馆参观"永远跟党走'初心匠心·瓷雕忆史'主题作品展"

据不完全统计及跟踪调查，在校期间，被评为各级三好学生和优秀学生干部大多是学生业余党校的学员；升入大学后，98％的学生业余党校成员均向所在院系党组织提交了入党申请书，他们中的大多数成为高校各级学生会及团委干部，并在高校顺利发展为预备党员；参加工作后，许多学员已经成为各行各业的骨干和中坚力量。

（二）开展校村共建，助力乡村振兴

2010年5月26日，学校第一党支部从德化县域实际出发，与盖德镇有济村党支部签订党建共建协议。13年来，双方围绕制度共建、组织共建、队伍共建、资源共享等多个方面开展了卓有成效的共建活动，巩固和发展了双方良性互动关系，有效促进基层党组织凝聚力、战斗力的充分发挥，有力推动了乡村振兴。

1. 围绕共建目标，认真做好共建帮扶规划

13年来，围绕"五好"村党支部目标，学校总支委员及支部委员定时深入有济村全面了解村情民意，针对有济村实际，与其共同研究帮扶规划，帮助有济村理清经济发展思路，并根据时代变化和村情实际，从资金、技术、信息等方面给予积极帮助。

图1-14
2020年11月1日，学校党总支与盖德镇有济村党支部召开结对共建10周年座谈会

2. 突出帮扶规划，多措并举推动项目落实

学校党总支和第一支部积极向有济村党支部分享学校党组织现有党员教育管理方面的成功经验，探索适合乡村特点、便于操作、效果明显的党员日常教育管理新体制，提高农村党员教育管理水平。发挥党员教育场所、电教器材、科技文化等资源优势，为盖德镇有济村党员上党课及举办相关主题讲座，不定期开展文化下乡、科技下乡活动。联络有济村党员到

学校一起参加政治理论和科学技术学习。联合举行优秀党员和优秀党干的表彰活动，发动业余党校学员为有济村设计美丽乡村的宣传标语，组织师生为有济村书屋捐赠书籍等。

图1-15

2021年6月24日，学校党总支与盖德镇有济村党支部联合举办党史学习教育专题党课活动，庆祝中国共产党成立100周年，深入推进党史学习教育

图1-16

2021年11月7日，学校党总支向盖德镇有济村农家书屋捐赠图书

3. 开展资助活动，以实际行动开展精准扶贫

一方面，学校第一党支部常年在有济村开展访贫问苦活动，发动党员教师在力所能及的范围内对有济村的贫困党员及贫困学生给予一定资助，以送温暖、献爱心等方式为困难户解决一定困难；另一方面，学校党总支着重以"智力扶贫"的方式，安排党员教师对有济村贫困学生进行跟踪管理，在学习和生活上提供有效帮助，帮助他们升入理想大学继续深造，通过知识改变命运、改善家庭情况，助力脱贫致富。

图 1-17

2022年12月3日，学校党总支组织慰问有济村党支部困难党员

4. 助力人才培养，充分挖掘村域发展潜力

学校第一支部党员以专题座谈、跟踪管理、家长讲座等方式，对有济村学子给予一定的学习、生活指导，帮助他们提升学习成绩。以2022届为例，有济村有5位学子从德化一中毕业，全部被本科院校录取，其中3人被天津大学、福州大学录取，2人高考分数上600分。共建12年来，先后有50名有济村学子从德化一中毕业，并全部被本科院校录取，为有济村积蓄了优秀的人才资源，迎来光明的发展前景。

图 1-18

2022年12月3日，学校党总支与盖德镇有济村党支部开展"同心共建聚合力，党建领航促发展"学习贯彻党的二十大精神联合主题党日活动，与学校有济村籍学生家长进行座谈

双方的党建共建，提升了学校与农村党组织的创造力、凝聚力和战斗力，形成互带互动、优势互补、资源共享、共同发展的结对共建新格局，为有济村"乡村振兴"工作贡献了积极力量。

四、未来设想规划清晰，形势更好

奋斗不息，努力不止。面对前进道路上的种种考验，德化一中党总支将以落实党组织领导的校长负责制为着力点，在办学治校过程中贯彻落实党的二十大精神，把党的二十大报告中的重要论断细化、具体化，融入学校管理与育人的全过程，深入开展"深学争优、敢为争先、实干争效"行动，大力推进"对标找差、强优补短"活动，努力把学校建设成为特色鲜明的优质示范高中，把学生培养成德智体美劳全面发展的社会主义建设者和接班人。

（一）坚定学校党建全面引领

加强党的政治领导力、思想引领力，完善治理结构、规范决策程序、健全制度机制，是探索推进党组织领导的校长负责制落地实施的关键。学校党总支将全面履行把方向、管大局、作决策、抓班子、带队伍、保落实的领导职责，建立健全组织体系、制度体系和工作机制，强化党建与业务的融合，做好意识形态和教育宣传工作，把立德树人根本任务落实在党的部署和决策中。

（二）做优做强党建工作典型

扎实开展"三诺三比三争"活动，以"名师工作室""党员先锋岗"为载体，激发党员教师内在动力，带动全体教师发光发热，提升学校教育教学质量。

（三）完善干部人才梯队建设

在积极推进霞田校区项目建设的同时，提前谋划学校管理干部的培养与储备，以多岗位跟班锻炼、外派交流学习、落实项目活动等方式，加大青年干部的培育力度，打造老中青年龄结构合理，文理学科搭配恰当，肯干事、能干事、干成事的学校管理团队。

(四)强化业余党校育魂功能

紧跟时代发展步伐,革新特色课程,做实、做细、做新学生业余党校工作。内容上与党建最新理论成果、与高中生思想实际对接,把理想信念教育与素质拓展相结合,为学员提供更多的理论学习与社会实践的机会;继续深挖德化作为革命老区的红色资源,让全校师生接受红色教育、传承红色基因,真正做到守根育魂和立德树人,培养合格建设者和可靠接班人。

(五)丰富思政课程活动形式

举办课程思政总结交流会,对课程思政优秀教师、优秀教学案例、示范课程、示范课堂等进行总结并予以推广,发挥引领作用;通过社会实践、志愿服务、专题讲座等丰富多彩的形式,不断探索课程思政建设的新方法、新途径。

第二章

强化立德树人　德育工作有"思路"

党的二十大报告强调:"育人的根本在于立德。"在新时代,党的教育方针更加突出立德的重要性,习近平总书记在2018年9月10日全国教育大会上指出:"要把立德树人融入思想道德教育、文化知识教育、社会实践教育各环节。"

民国时期,学校设立训育处,管理学校德育工作。实行值日导师制、级任导师制、值星导师制,管理学生的学习和日常行为规范;设置公民、童子军等德育课程,推行"智、仁、勇"教育和军事训练。1952年,级任导师改称班主任。20世纪五六十年代,加强劳动教育,组织学生参加劳动实践。1997年9月,成立首届德化一中家长学校委员会。2005年1月,学校制定《德化一中高中德育导师制总方案(草案)》,实施德育导师制。

近年来,学校不断探索与完善新形势下德育工作的方法与途径,把科学发展和创新思想贯穿于德育工作中,在教育教学过程中,结合自身实际,着眼学生终身成长,逐步完善德育教育内容与评价体系,形成"矗凤"德育课程体系,根据学生不同阶段的成长特性,构建起"一核六翼"德育工作体系,形成高一年级"家国与理想"、高二年级"团结与实践"、高三年级"感恩与奋进"的分级德育课程。2023年2月,举办"最美芳华,感谢有您"首届班主任节,并开展一系列特色校本德育活动,开创了学校德育工作的新局面。

一、立德树人夯基垒台,不断优化

(一)探索德育新体系,让育人工作系统化

步入新时代,学校在继承和发扬德育工作优良传统的基础上,紧扣新

时代德育的丰富内涵和时代价值，深入贯彻立德树人根本任务，凸显把德育放在更加突出位置的紧迫感和使命感，不断探索通过时政引导、以研促教、互动交流等途径，开拓德育工作新思路，努力构建具有时代特色、校本特色的德育工作新方法与新方式。

1. 时政引路，下"六个功夫"

党的二十大报告指出："办好人民满意的教育。全面贯彻党的教育方针，落实立德树人根本任务，培养德智体美劳全面发展的社会主义建设者和接班人。加快建设高质量教育体系，发展素质教育，促进教育公平。"2018年9月，习近平总书记在全国教育大会上指出，培养社会主义建设者和接班人要下好六个功夫（"要在坚定理想信念上下功夫""要在厚植爱国主义情怀上下功夫""要在加强品德修养上下功夫""要在增长知识见识上下功夫""要在培养奋斗精神上下功夫""要在增强综合素质上下功夫"）。这"六个下功夫"为学校做好新时代青年人才的培养工作指明了方向与途径。为全面贯彻落实立德树人根本任务，下好教育工作"六个功夫"，紧扣党的教育方针与政策，学校结合自身实际，构建起以"一切为了学生健康成长"为核心，以"人文底蕴、科学精神、学会学习、实践创新、责任担当、健康生活"为着力点的"一核六翼"德育工作体系，努力培育学生应具备的适应终身发展和社会发展需要的必备品格和关键能力，从而不断提升学生发展的核心素养，助力学生终身学习与发展。

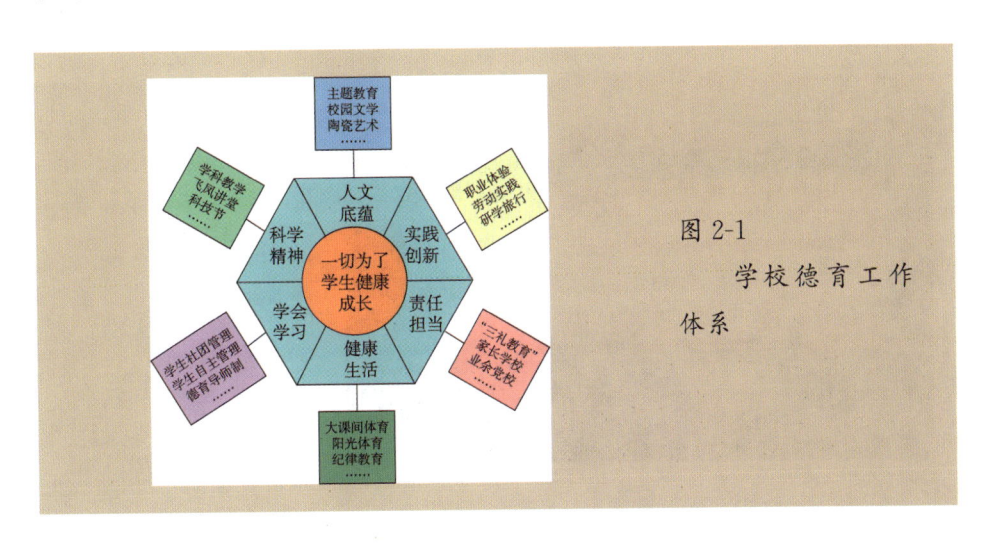

图 2-1 学校德育工作体系

2. 以研促教，开拓新思路

"教而不研则浅，研而不教则空"，课题研究不仅是教育科研的重要载体，也是提高教师教育教学能力的有效途径，更是学校不断革新、积淀德育成果、提升德育工作水平的重要工作。自2018年以来，学校大力推动德育课题研究，并将德育课题研究与德育论文的发表情况作为德育量化考核的重要指标。我校先后有"'互联网＋'时代高中生生命教育研究及策略"（2020－2022，福建省教育科学规划领导小组办公室）、"立德树人背景下山区高中校'主题谈话式'班会的实践研究"（2020－2022，福建省教育科学规划领导小组办公室）、"基于积极心理学的高中生命教育研究"（2020－2022，福建省教育厅、福建教育学院）、"高中思想政治课程渗透劳动教育的实践研究"（2020－2022，福建省教育科学规划领导小组办公室）、"历史社团建设对高中生学科核心素养培养的实践研究"（2021－2023，福建省教育科学规划领导小组办公室）、"以陶艺活动来落实高中劳动课程的有效性研究"（2022－2024，福建省教育科学规划领导小组办公室）等6个省级课题立项，此外还有市、县、校级38个德育课题先后开展研究，德育课题的研究也推动德育论文的撰写与发表，先后有96篇德育论文在省级以上的CN刊物发表。德育科研的有效开展和理论总结成果的不断出新，为学校全方位、多角度、深层次探索实践山区高中校德育工作新思路、新方法提供了积极指导。

图2-2

2020年11月14日，福建省教育科学"十三五"规划2020年度立项课题"'互联网＋'时代高中生生命教育研究及策略"开题论证会课题组成员合影

3. 互动交流，开拓新视野

作为山区高中校，德育资源相对有限，德育视野亟待开阔。为开创德育工作新发展、新局面，学校于 2018 年成立以校长为组长，以德育骨干为成员的"德化一中学生发展指导中心"。学生发展指导中心的任务是通过"制度顶层设计""资源整合调动"等方式，全面统筹学生成长教育各项工作。为确保德育工作切实提效，开拓德育骨干视野，丰富德育落实途径，学校坚持"走出去，请进来"的学习与交流原则，派遣学生发展指导中心成员先后到北京、上海、重庆、杭州、武汉等地知名高校、中学开展生涯规划教育、劳动实践教育、研学旅行教育、心理健康教育、思政课程教育等方面的学习与交流活动，并积极参与中学生涯教育名校联盟研讨活动。2018 年以来，学校多次邀请国内外知名校友、专家到校开展德育工作指导，先后开设数十场生涯规划、励志成长、班主任德育工作等专题讲座，通过互动交流吸收先进经验，并结合地域特点总结转化出符合学校实际的学生生涯教育工作新路径。2019 年 3 月，学校当选为"中学生涯教育名校联盟理事单位"，被授予"中学生涯教育与学科教学渗透名师工作室""中学生涯教育班主任·名师工作室"等。

图 2-3

2019 年 7 月 16 日，学校 6 位老师在杭州参加高中生涯教育实践精品课程培训，并获得青少年生涯规划导师资格

图 2-4

2019年3月10日，学校参与中学生涯教育名校联盟研讨活动，并当选为中学生涯教育名校联盟理事单位

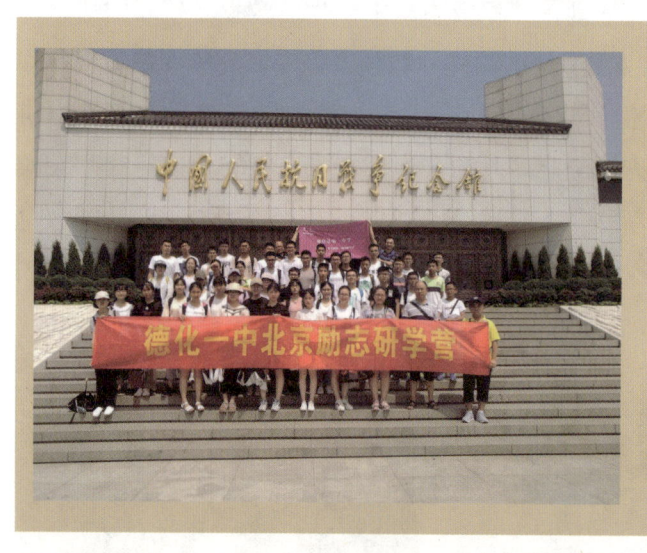

图 2-5

2018年7月25日，学校组织北京励志研学团在中国人民抗日战争纪念馆前合影

图 2-6

2019年12月31日，学校组织学生到福建省耀诚玻璃科技有限公司开展职业体验活动

（二）搭建丰富德育载体，让学生成长舞台多样化

学校自建校以来已走过百年历史，即将开启新的百年征程，德育工作也必须与时俱进，提高站位再出发。为积极应对世界百年未有之大变局，学校在德育课程、德育工作方式、心理健康教育、学生社团建设等方面不断进行改革和创新，努力增强德育工作的时代性、科学性和实效性。

1. 扎实推进校本德育课程

学校以习近平总书记提出的"六个下功夫"为指导，始终坚持"立足山区、立足学校、立足学生"的理念，总结多年来的德育工作经验，系统规划高中三个年级的德育课程体系，将社会主义核心价值观有机融入德育课程体系中，总结提炼出"爱国爱家、劳动观念、自爱自强、艰苦奋斗、奉献感恩、珍爱生命、团队合作、谦逊仁爱、理想目标、惜时守信、遵纪守法、积极思维"等十二个德育主题教育内容，通过"高一年级'家国与理想'、高二年级'团结与实践'、高三年级'感恩与奋进'的分级主题班会课""德育选修课""生涯规划课""主题活动课""德育实践课""'翥凤'德育与安全讲堂"等形式多样的课程载体，整合形成"翥凤"德育课程体系。

图 2-7

2023 年 2 月 13—16 日，学校面向全县开展高一年级"家国与理想"、高二年级"团结与实践"、高三年级"感恩与奋进"分级主题教育班会观评课活动

2. 打造全员德育协同网络

为全面贯彻落实立德树人根本任务，强化《中小学德育工作指南》对德育工作实践的指导与引领，学校早在 2005 年就开始推行以"全员""全

程""全方位"为指导思想的"三全"育人模式，以学校党员教师为根基，打造德育教师队伍，班级每位学科教师分别挂钩几名重点关注的学生，进行全程跟踪，及时干预。进入新时代，为适应德育工作新要求，学校全员德育模式不断创新，逐步形成"以班主任为班级德育团队核心""以思政教师为学科德育渗透核心"的"双核心"新思路，进一步充实、壮大思政教师队伍，实现全员育人、全科育人的协同效应，形成具有学校德育特色的"立德树人背景下的高中德育导师制"。

图 2-8 2021年4月16日，学校召开2021年春季德育导师工作会议

3. 丰富心理健康活动载体

近年来，学校秉持"为了每一个学生的健康成长"的育人宗旨，积极促使心理健康教育融于基础教育改革中，挖掘并整合现有资源，加强心理健康教育校本途径的实践与探索，主要以预防和发展目标为重点，扎实有序开展心理健康知识宣传、心理咨询工作、心理选修进课堂、心理健康活动渗透、心理档案建设、心理危机干预、心理教育科研、家校协作等八项常规工作，并全面拓宽心育途径，通过开展心理讲座、心理普测、"菜单式"自助心理沙龙、"心灵卫士"培训、放松训练、户外心理拓展、心理健康月暨"5·25"素质拓展周活动（心理知识有奖竞答、"知心"点歌传情、趣味心理游戏、积极硕果树、签名活动、许愿活动、心理征文、心理漫画比赛、阳光心理剧比赛、心理阅读沙龙、心理公益进社区等），提高心育渗透效果，促进学生心理健康，优化学生心理品质。

图 2-9

2021 年 5 月，学校开展心理健康月户外拓展活动

图 2-10

2021 年 10 月 30 日，福建师范大学心理学院叶一舵教授到学校开设"好心态才有好状态——心理学家与高考生面对面"专题讲座

4. 发挥学生社团德育功能

1933 年，学校成立培风中学学生自治会。1952 年，学生自治会更名为学生会。1985 年，恢复在"文化大革命"期间中断的学生会组织，下设策划部、实践部、文艺部、学习部、自律部等五个部门，常年开展纳新晚会、学习经验交流会、校园歌手大赛、趣味运动会等活动。1967 年，成立德化一中毛泽东思想宣传队（1974 年更名为德化一中文艺宣传队）。1972 年，成立地震测报小组。1993 年 3 月，创办"野草叶"文学社。2005 年

以后，成立书画苑、艺术团、电视台、广播电台、环境保护协会、英语协会和体育爱好者协会等学生社团。

积极健康的学生社团活动，是新形势下有效凝聚学生力量、开展思想道德教育的重要方式，有助于进一步创新和深化德育阵地。近年来，学校高度重视学生社团在德育工作中的阵地作用，以"成熟一个类型，设立一个社团"为指导原则，先后成立涵盖"社会文化""学科拓展""体育竞技""文娱艺术"等四大类的学生社团36个，其中凸显"办学特色"的野草叶文学社、陶瓷艺术社，学生参与面高达82%。为实现以社团活动的实践性提高道德教育的实效性，学校为每个社团都安排一位或多位指导老师，除对社团活动进行指导、协调外，还起到把舵定向、德育渗透的作用。为确保学生社团的健康发展，学校于2019年成立学生社团联合会，在学校党总支和校团委的指导下，加强学生自主管理，推进学校学生社团活动创新与和谐发展，更加充分地发挥其德育功能。

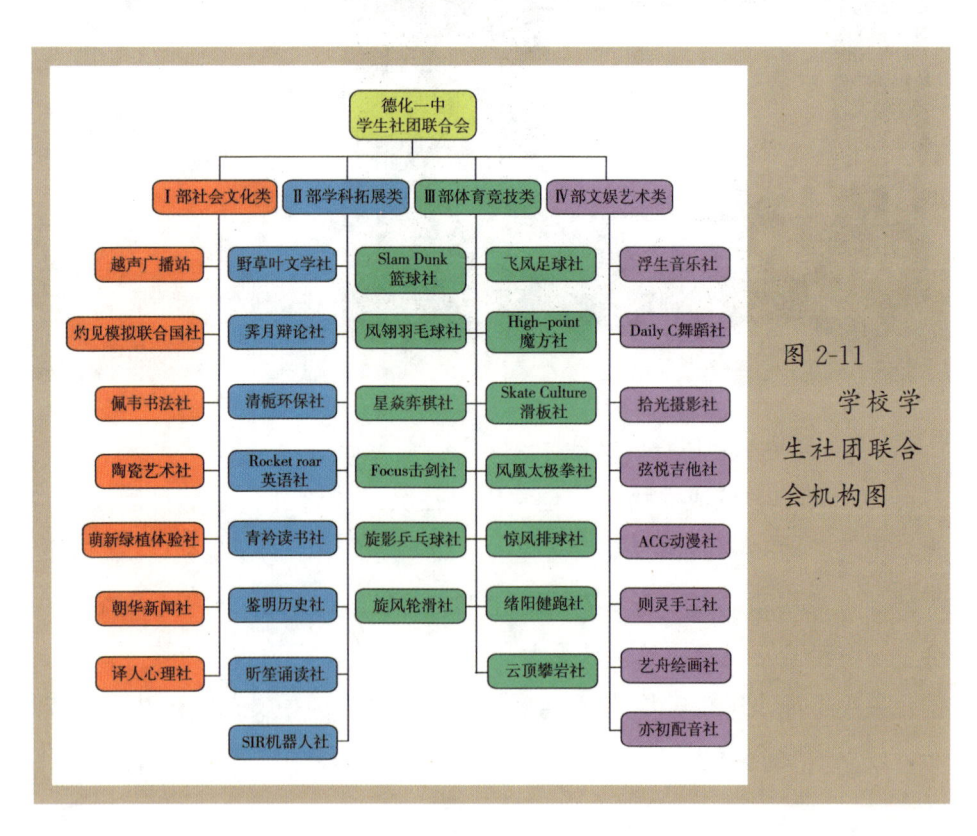

图 2-11 学校学生社团联合会机构图

图2-12

2022年9月24日，学校2022年秋季学生社团纳新活动现场

图2-13

2022年9月24日，学校2022年秋季学生社团纳新活动机器人社纳新现场

（三）建设德育工作队伍，让育人工作有师资保障

"春风化雨，润物无声"，德育工作需要教师长期默默无闻的辛勤付出。班主任是德育工作的主体核心，要加强班主任队伍建设，必须营造尊重、理解、热爱、感恩班主任的和谐氛围，搭建更多的德育展示平台，激发班主任工作热情，提升班主任德育水平，促进班主任专业发展。2018年以来，学校每学期举办班主任经验交流会，邀请专家进校开展班主任工作培训，定期开设"纛风"德育与安全讲堂，举办班主任技能比赛，通过这

些具有针对性和实效性的活动，激励和引导全体班主任钻研业务知识，不断提高德育和管理水平，促进德育队伍建设和专业化发展。学校于2023年2月举办"最美芳华，感谢有您"首届班主任节活动，表彰做出突出贡献的班主任，引导学生读懂班主任、感恩班主任。此次活动备受外界关注，《中国教育报》客户端以"福建德化一中：举办首届班主任节，给班主任群体满满的爱"为题报道了启动仪式相关活动，《泉州晚报》以"温馨'班主任节'激发工作热情"为题报道了班主任节系列活动。

此外，学校借助各级德育成果评比与展示平台，推动德育渗透学科教学研究工作，既充实和壮大了德育工作队伍，又丰富和完善了德育工作体系，例如我校化学组张宝珠老师的《食品安全状况调查》课例，被教育部评为2019年度"一师一优课、一课一名师"活动"优课"。学校还借力各级思政理论课创优遴选活动，进一步强化思政教师的课程思政作用，例如我校政治学科教师、班主任林燕青老师的思政课例《实现中华民族伟大复兴的中国梦》获评"2022年泉州市中小学思想政治理论课示范课"。

图2-14
2023年2月13日—19日，"最美芳华，感谢有您"——德化一中首届班主任节活动

图 2-15

2019 年 12 月，学校化学组张宝珠老师的《食品安全状况调查》课例，被教育部评为 2019 年度"一师一优课、一课一名师"活动"优课"

二、德育体系立柱架梁，更加完善

（一）创新德育主题班会形式，筑牢德育主阵地

为扎实推进"一核六翼"德育工作体系，学校探索实践了"高一年级家国与理想、高二年级团结与实践、高三年级感恩与奋进"的分级主题班会教育机制，在推进分级主题落地实施过程中，创新推出"主题谈话式"班会模式，并于 2020 年成功入选福建省"十三五"规划课题"立德树人背景下山区高中校'主题谈话式'班会的实践研究"（2020－2022）。课题组通过加强理论学习，走访上海、重庆、武汉、杭州等名校，丰富德育工作思路，优化学校德育工作整体规划与设想，不断进行实战观摩、课后研讨、反思归纳，在实践中总结出"主题谈话式"班会实施的创新做法，制定出《德化一中"分级主题谈话式"班会课程方案》，形成一系列丰富的主题班会课程资源，在山区高中校践行立德树人根本任务上探索出一条崭新的实践道路。

图 2-16
2021 年 4 月 19 日,学校"立德树人背景下山区高中校'主题谈话式'班会的实践研究"课题组开展班会观评课活动

图 2-17
福建省"十三五"规划课题"立德树人背景下山区高中校'主题谈话式'班会的实践研究"结题证书

(二)打造示范性心理咨询室,夯实心理健康教育

2002 年,学校成立德化一中心理咨询室;2005 年,在中国心理学会理事长张侃教授的提议下正式更名为"德化一中知心室";2012 年,由县文明办、教育局牵头,依托"德化一中知心室"组建了"德化县未成年人心理健康辅导站";2018 年,学校成立"德化第一中学学生发展指导中心",心理咨询室成为学生发展指导中心重要组成机构之一。学校心理咨询室位于温馨僻静的半山教室,总面积约 624 平方米,有 9 间设备齐全的功能室,有 2 名专职教师和若干名兼职教师,其中获得国家心理咨询师认证资格二级 2 人、三级 2 人。自成立以来,心理咨询室常年开设系列心理健康课程,开展系列心理健康活动,提高心育渗透效果,促进学生心理健

康，优化学生心理品质。学校曾获评"中国科学院心理研究所实验学校""福建省心理辅导特色学校（2021年）""泉州心理辅导站""泉州市心理健康教育实验学校"和"泉州市第一批中小学标准化（示范型）心理辅导室（2022年）"等称号。

图 2-18 学校学生发展指导中心、心理咨询室

图 2-19 2018年8月，学校被福建省教育厅授予"第三批福建省中小学心理健康特色学校"

图 2-20 2022年10月，学校被市教育局授予泉州市第一批中小学标准化（示范型）心理辅导室

（三）探索改革德育评价制度，助力教学双向成长

2020年10月，中共中央、国务院印发了《深化新时代教育评价改革总体方案》，其中第15条指出要"完善德育评价。根据学生不同阶段身心特点，科学设计各级各类教育德育目标要求，引导学生养成良好思想道德、心理素质和行为习惯，传承红色基因，增强'四个自信'，立志听党

话、跟党走，立志扎根人民、奉献国家"。学校为完善德育工作机制，制定《德化一中德育工作实施方案》，将德育工作制度化、系统化，努力探索新时代德育工作评价新途径与新机制。为加大德育工作考评力度，学校成立德化一中德育工作考评领导小组，制定并细化《德化一中教师德育工作量化考核方案》《德化一中班主任月考核方案》《立德树人背景下的德育导师制》，扎实推进全人员、全过程、全方位德育工作，从而提高教师德育工作评价的针对性、时效性、全面性，有效提升学校德育工作质量。

学校关注学生综合素质成长与评价，制定《德化一中学生综合素质评价方案》，强化德智体美劳"五育并举"，全面开展"校园之星"评选和"班级之星"互评工作。以《新生入学手册》《学生成长手册》为载体，依托综合素质评价系统，加强对学生成长过程的跟踪评价。在评价方案的引导下，学生对成长有了清晰目标，主动在"德智体美劳"等方面加强学习和实践，在全面发展上取得积极成效。

三、德育导师久久为功，卓有成效

2005年起，学校在泉州市率先实施德育导师制，发动全体学科教师参与德育导师工作。导师制以尊重学生的主体地位为前提，实行因材施教的引领方式，助力学生全面发展。在多年的德育导师制实践过程中，学校牢牢把握立德树人这一根本任务，不断总结自身的德育经验与做法，努力体现德育工作的时代性、时效性与创新性。

（一）形成较为完善的制度成果

学校在"整体、合作、优化"的德育工作思路下，总结形成较为完善的德育导师制度——《德化一中德育导师总体方案》《德化一中德育导师评价与实施办法》，建立了设置档案、谈心交流、家校联络、座谈分享、案例分析、过程总结等工作制度，确保德育导师工作落到实处。

（二）导师与受导学生协同成长

德育导师制为学科教师提供德育工作成长平台，尤其加速青年教师成长。自实施德育导师制以来，已有34位青年教师成长为省、市、县级优秀班主任，11位教师成长为县级名班主任。受导学生普遍提高学习生活热情，学业水平得到不断提升与突破。

（三）凝聚丰富的实践和理论成果

2002年，学校创刊《德育之窗》，2005年在该刊中开设"德育导师制"专栏，德育导师们将自己的辛勤汗水，汇聚成一个个鲜活的德育案例、一篇篇典型的德育论文在此刊发表，为县域内诸多学校负责学生工作的行政人员、班主任、青年教师等群体提供重要参考。2021年，学校精选德育导师的德育心得、德育案例、德育论文等资料，结集刊印《德化一中德育导师制资料选辑》，总结和汇集学校德育导师制的阶段性成果，并为今后德育工作的开展提供参考和借鉴。

（四）学校德育导师制得到推广

2006年，学校在泉州市学校德育工作会议上作"德育导师制"的典型介绍，学校获评泉州市首批"德育工作先进集体"。2009年，学校承办泉州市学校德育工作会议，我校"德育导师制"经验得到介绍和推广，引起全市广泛关注，吸引多个学校到校研讨交流。2022年，"立德树人背景下的高中德育导师制实践探索"获得德化县基础教育成果奖一等奖，为其他高中学校开展全员德育提供经验参考。

（五）德育导师得到各方的肯定

德育导师制以全员育人、全过程育人、全方位育人的育人理念，在潜移默化下立德，在润物无声中育人，十余年的实施推广，引导一代又一代的学校师生共同成长。2022年9月，"立德树人背景下的高中德育导师制"入选福建省教育厅"第三批'一校一案'落实《中小学德育工作指南》典型案例"名单。

四、内在要求着眼长远，更加坚定

（一）深化德育工作体系，为德育增值赋能

新时代的德育工作必须下足六个功夫，学校结合实际构建起以"一切为学生健康成长"为核心，以"人文底蕴、科学精神、学会学习、实践创

新、责任担当、健康生活"为着力点的"一核六翼"德育工作体系，在继承原有工作思路和做法的基础上，将继续贯彻《深化新时代教育评价改革总体方案》中关于完善德育评价的要求，深化和提高德育工作体系的思想站位，突出体现德育工作以学生为主体，以活动为载体，以评价为手段，以培训为保证，通过德育导师制，增强师生互感互育，促进师生的全面发展和可持续发展。学校德育工作将围绕制度建设工程、队伍建设工程、育人环境工程、基础工作建设工程、育人模式构建工程等"五大工程"，真抓实干，持续深化"一核六翼"德育工作体系。

"静待花开终有时，守得云开见月明"，德育工作实干在当下，成果呈现难以一蹴而就，如何创设德育增值赋能机制，大力拓展德育工作的深度与广度，产生更大的德育效益，是学校今后德育工作的努力方向。例如学校三礼教育（入学礼、成人礼、毕业典礼）不仅要体现强烈的成长仪式感，更要深度挖掘其价值意蕴，通过情景化方式向学生诠释高中阶段学习的重要意义，用丰富的内涵激发学生自我意识的觉醒，通过学生积极参与筹备及活动过程健全学生心智。同时，在活动筹备中增强"三礼"的制度供给，在活动过程中规范"三礼"赋能环节创设，在时间与空间两个维度上凸显成长意义，增强育人成效。

（二）深耕校本德育资源，为党为国育好才

多年来，学校的德育工作始终围绕"一核六翼"德育工作体系，有效整合学校校本德育资源。学校今后将在原有基础上，深度挖掘校本德育资源，加强校本德育资源的开发与利用。一是加强德育场地资源的统一化管理，提升工作效能。例如，重视社团活动中心、学生发展指导中心、心理咨询室、禁毒教育基地、劳动实践教育基地、校史馆、陈少岳礼堂等德育场所的统一管理，方便师生深度的学习与交流，发挥德育场所资源效能。二是强化德育制度执行力，拓展德育工作的深度与广度。例如调整全校课程表，确定每周一下午第三节为学校德育工作例会时间，会上制定每周德育例会的工作任务，形成研讨、交流、反馈的工作机制，从而提升德育工作执行力。三是与时俱进，精心提炼校本德育资源。例如我校德育导师制是以导师为主体，凸显导师在德育过程的育人作用，为发挥学生在德育导

师制中的主观能动性，激发学生自我成长的动力提供保障，学校今后将探索以学生为主体的成长导师制，努力为党育好人，为国育好才。

（三）加强德育工作交流，增强辐射示范性

2023年2月，学校首次举办班主任节，开展了一系列对外展示与交流活动，不仅得到各方肯定，也提振班主任队伍的工作信心与热情。如今，学校通过与厦门双十中学、永安一中、漳平一中等省内名校结对共建，与仙游龙华中学、永春三中、德化二中等学校结对帮扶，将充分利用各校不同资源、不同校情，进行德育工作体系、德育工作制度、德育特色活动等的互动交流与展示，既加强和完善学校德育工作体系，又起到示范辐射的作用。同时，学校将在今后的县、市、省级公开周、德育主题研讨会议和送教送培活动中开设专题德育讲座、主题班会观评课等活动，努力增强德育工作示范辐射作用。

第三章

重视队伍建设　学校发展有"后劲"

2022年4月25日，习近平总书记在中国人民大学考察时提出："好的学校特色各不相同，但有一个共同特点，都有一支优秀教师队伍。"教师是教育的第一资源，是建设高质量教育体系、实施高质量教育的根本力量。师资队伍的优劣，在很大程度上影响着一个地区、一个国家甚至一个时代的发展。然而，优秀的人才却往往寻之不易。德化一中是一所山区县域高中，与其他山区县域高中一样，存在教师队伍的年龄结构失衡、专业成长受限、内驱力不足等普遍难题。学校在不同的发展时期都在不遗余力地加强师资队伍建设，破解专业化成长难题。

自建校以来，曾在学校任职的教职员工有1200余人。民国期间，学校规模不大，教职工少时10余人，多时20余人。1949年11月，县人民政府接管学校时，有教职工16人。1959年，教职工56人。1970年，全校教职工仅剩28人。1972年，国家整顿教学秩序，许多教师回到工作岗位，高等院校或科研机构下放的干部或上山下乡的知青到德化一中任教。1975年，学校教职工104人，教师学历得到进一步提升。2003年秋季，完成初高中分设办学，大部分初中部教师分离到德化六中任教。2008年秋季，教职工220人，高中专任教师189人，其中硕士研究生学历4人，本科学历185人，学历100%达标。2009年秋季之后，学校教职工人数变化较小，基本保持在230人左右。至2022年秋季，硕士研究生学历教师22人，师资队伍专业素养再上一个新台阶。

创建省示范高中以来，学校根据示范高中建设标准，在上级党委、政府、教育主管部门的关心指导下，学校以"外引人才、内提素质、以研促升"为分步解决方案，2018年以来，在充分调研和论证的基础上，先后出台多项师资队伍管理和奖惩措施，加大师资队伍建设投入，其中高学历教师引进奖励资金 140 余万元、教师专业化成长奖励资金 80 余万元等，加大师资队伍建设改革创新力度，取得了突出成效。

一、队伍建设纲举目张，全面提升

近年来，在省示范高中建设标准的顶层指引下，学校对师资队伍建设的方向和思路更加明确，在不断探索、梳理和总结过程中，依据《国家中长期教育改革和发展规划纲要（2010－2020 年）》中"加强教师队伍建设"的有关要求，制定了《德化一中关于深化教师专业发展改革的三年规划》，走出了一条符合学校实际、科学高效的师资队伍建设之路。

（一）党建引领是打造师德过硬队伍的关键

学校坚持习近平新时代中国特色社会主义思想，加强党对教育工作的全面领导，以党的建设带动师德师风建设，努力提升学校教师职业道德水平和专业素养，营造风清气正的育人环境。

1. 落实一岗双责，形成压力传导

学校党总支从严从实从细落实全面从严治党主体责任，党总支书记与领导班子成员、支部书记之间，分管领导与部门负责人之间签字背书，形成一级抓一级，层层抓落实的责任体系，逐级传导压力，定责明责、知责履责、督责问责，层层压实党风廉政建设和师德师风建设的各级责任。学校建立约谈追责制度，对监管不力的，追究分管校领导及相关部门负责人的责任，并针对问题督促整改落实。在常态化开展学年师德师风建设活动之外，学校党总支先后组织开展"'整肃师德师风，锤炼师能师品'主题活动""有偿补课和教师违规收受礼品礼金问题专项整治工作""'守规矩 知敬畏 守底线 树师表'师德师风专题教育"等专项活动，切实规范学校教师从教行为，引导学校全体教职员工坚守教育初心、担当教育使命、做好师德表率。

图 3-1

2023 年 2 月 6 日，学校召开"2023 年春季学期师德师风建设工作会"

2. 严格警示教育，构建监督体系

（1）定期开展师德师风负面典型警示教育，及时通报典型案例，分析违规问题和处理结果，引导学校全体教职员工以案为鉴，时刻做到自重、自省、自警、自励，坚守师德底线。鼓励和引导教师对照新时代教师职业行为十项准则正面规范和负面清单，加强自我反思，规范职业言行。及时通报师德违规问题及处理结果，组织广大教师讨论剖析原因、对照查摆自省，引导广大教师以案为鉴、以案明纪。

图 3-2

2022 年 6 月 30 日，学校举行"守规矩 知敬畏 守底线 树师表"警示教育活动

（2）聘请5名不同行业的社会代表担任学校"党风廉政""行风政风"监督员，公布师德师风举报电话，与家长、学生面对面座谈，填写调查表等，畅通监督渠道，对教师的师德师风进行全方位、全天候监督。

图 3-3

2022年5月9日，学校组织召开"党风廉政""行风政风"监督员座谈会

（3）把好新教师"入口关"，将思想政治和师德要求纳入教师聘用合同，强化对试用期聘用人员思想政治和师德表现的考察，对不合格人员及时解除聘用合同。在教师考核中，实行师德师风"一票否决"，作为年度考核、职称评审、岗位聘用、实施奖惩的重要依据。

3. 重视楷模引领，发挥榜样力量

"榜样的力量是无穷的。"一个典型就是一面旗帜，可以带动一个团队、激励一个整体、影响一个领域。学校同样需要"排头兵"带动，教师需要"着力点"支撑。学校以"党日活动""宣讲教育活动""书记上党课"和党员示范岗（组）等为载体，强化教师政治理论修养。通过对从教25周年、30周年、35周年、40周年，担任班主任10周年、15周年和20周年的教师进行集中表彰，以及组织进行"德化县优秀教师""孔子文化奖"等各级荣誉评选，设立学校"教育教学贡献奖""优秀骨干教师""优秀中青年教师"等奖项，落实表彰奖励制度，培育和树立一批可敬、可亲、可学的优秀教师典型，集聚师德正能量，营造崇尚先进、学习先进、争当先进的良好氛围，激发教师队伍活力。

图 3-4

2022年9月22日，学校举行表彰大会，分别为从教25、30、35、40周年教师颁发奖状、纪念牌匾，并对2021—2022学年优秀教师和模范典型进行表彰

4. 维护教师权益，保障发展潜力

通过党务公开、校务公开，教代会、教师大会等，落实学校教师知情权、参与权、表达权、监督权，定期收集教师的意见和建议，及时处理教师提出的问题，依法保障教师的合法权益；优化教师成长环境，关心教师身心健康，定期开设心理知识讲座，解决好教师职业倦怠问题；完善教师课余教研、休息场所建设，为教师放松身心创造更好条件；开展工会活动，营造宽松的工作环境和融洽的人际氛围，为教师的专业成长和提升师德修养创造有利条件。

图 3-5

第十届教职工代表大会第二次会议

学校一贯坚持党建引领师德师风建设，重视教师职业理想和职业道德教育，增强学校教师教书育人的责任感和使命感，将师德表现作为教师考核、聘任（聘用）和评价的首要内容，努力打造一支关爱学生，严谨笃学，自尊自律，能以人格魅力和学识魅力教育感染学生，甘做学生健康成长引路人的优秀师资队伍。

（二）引进与流动是优化结构的有效方法

近年来，学校为打破教师流动"静水微澜"的现状，解决学科和年龄结构失衡、部分教师存在职业倦怠等问题，在严格遵守《教师法》等相关法律法规和上级文件规定基础上，科学落实教师的引进、调出、支教、整合调配等管理机制。

1. 制定合理的管理方案，形成制度保障

学校先后制定、完善《德化一中教师招聘、调入、调出管理办法》《福建省德化第一中学教师引进及青年教师培养工作方案》等制度，还向县委、县政府提交了《关于制定〈德化一中招聘高学历人才以及教师在职进修奖励方案〉的报告》并获得批准和落实。完善的机制，使学校在教师引进与流动调整过程中有规可循，保障了师资队伍建设工作的有序推进。

2. 引进与流动合力作为，优化师资结构

学校针对硕士研究生及以上学历教师比率偏低的现状，一方面积极推动在职教师参加学历提升进修，另一方面有计划、有目标地加大高学历教师引进力度。由于德化县地处山区，受地理条件限制，虽然出台了一系列的奖励政策，但并没有成为高学历毕业生就业的理想目的地，第一年高学历教师的引进并不顺利。在第二年，学校提前行动，除在各师范院校网站发布招聘硕士研究生学历教师公告外，还派专人摸排本县相应学科应、往届硕士研究生学历毕业生，并通过各种方式一一确定意向。对有明确意向参与竞聘的毕业生，学校安排专人与其面对面沟通，允许其进入校园实习，并指定有经验的老教师作为实习指导老师，在人才引进工作中取得良好效果。硕士研究生学历教师由原有的3名增加到现在的22名，另有6名教师正在接受在职研究生教育。

新一轮教育教学改革实行选科走班，学生选科不尽相同，导致个别学

科教师出现冗余、个别学科教师紧缺的现象，学校除根据实际需要招聘新教师，还依据《德化一中教师招聘、调入、调出管理办法》将部分冗余学科教师调整到师资紧缺的学校，同时，每学年还按计划安排大量教师到德化二中、德化一中鹏祥分校等学校实行三年全过程支教，在动态管理中调整优化师资队伍结构。

（三）分层管理是专业素养发展的主要保障

每一名教师都是不同的个性化个体。对于教师的个人专业化成长，需要考虑他们的年龄、学历、入职年限、个人特点与需求等因素。立足于这些不同因素，学校经过多年实践，总结打造了教师专业化成长的"分层"培养模式，分别对新教师、中青年骨干教师和高层次教师进行个性化的培养与管理，制定相应的目标管理考核标准，对各层级培养对象开展定期考核，实行动态管理。先后制定、完善了《德化一中教师校本培训管理办法（试行）》《德化一中关于教学名师、学科教学带头人、骨干教师的培养方案》和《德化一中培养高层次教师奖励方案》等，定期发布《关于公布青年教师结对帮扶名单的通知》《德化一中高层次教师重点培养对象名单》《关于公布德化一中＊＊＊学年教师专业成长推荐培养对象名单的通知》等，确定每一个成长周期中各层次教师培养对象，按照不同层次的培养目标设置相关年度成长目录，实行收账管理，为每一位教师建立成长档案，要求每位教师每学期必须阅读一本学科书籍，做好读书笔记，并将每学期目标考核的材料整理归入自己成长档案中。

1. 优化新教师专业化成长管理

在新教师专业化成长的管理上，学校不仅强化教学与教研常规管理，还在结对帮扶、学期目标考核等方面进行重点跟踪管理。

落实青年教师结对帮扶。每年的"教师素质提升月活动"的第一个项目就是"青年教师结对帮扶活动"的签约仪式，以青年教师自主选择与学校安排相结合的方式，为每一位新入职的青年教师安排三名指导老师，其中两名为"专业发展"导师，一名为"师德引领与教育管理"导师。"专业发展"导师既是学校高级骨干教师，也是在专业领域备受师生、家长认可的教师；而"师德引领与教育管理"导师则为校级领导、中层干部或长期在一线担任班主任的教师。一个结对活动周期为三年，每学期根据《关于公布青年教师结对帮扶名单的通知》和《德化一中青年教师帮扶协议》的相关要求进行跟踪管理，实行收账管理。

组织新教师素养考核。新教师素养考核在每学年的"教师素质提升月活动"上开展，教科室安排各学科命题组命制与高考同结构的试卷，组织新教师参与考核，并严格组织评卷，最终将考核结果分成优秀、合格、不合格三个等级，对素养考核优秀的青年教师给予奖励；对素养考核不合格的青年教师，教科室将约谈本人及其导师，并由教研组挂钩校领导、教研组长、备课组长强化后续跟踪。

开展汇报、展示课活动。在每学年的"教师素质提升月活动"上，每位新教师都要在全校范围内开设一节汇报公开课，每位导师也要开设一节示范展示课，由教研组组织听课与评课，进行结对帮扶成果的阶段考核与总结。

规范的管理和实质性的帮扶，使新教师成长周期大幅缩短，所有的新教师经过一个教学循环周期（三年）都能成长为合格的教师，有部分新教师则快速成长起来，或进入学科竞赛辅导团队成为学科竞赛辅导老师，或成为学科备课组长，或进入处室岗位锻炼等，成为学生喜欢、家长满意、学校放心的好老师。

2. 强化中青年骨干教师专业成长

中青年教师是学校教师的中坚力量，也是人数最多的群体，强化中青年教师的专业化成长是教师专业化成长的重要工程。中青年教师专业素养已经趋于成熟，人格魅力逐渐凸显，处于成长的黄金期。根据《德化一中关于教学名师、学科教学带头人、骨干教师的培养方案》，针对中青年教师特点，要求每位中青年教师制定自己的专业发展规划，明确自己的发展目标，落实每学期一次的目标考核，教科室对没有完成目标考核任务的老师进行约谈并限期整改。

同时，积极选派中青年教师参加各级各类教育教学技能比赛，在比赛过程中锻炼自己、打磨自己，促进中青年教师积极进取而不固步自封。鼓励中青年教师积极撰写论文、专著，编写校本教材，要求每位中青年教师都要承担选修课教学、研究性学习辅导，参与教育科研课题研究，促进中青年教师不断总结、反思，与时俱进，不断更新教育教学理念。鼓励中青年教师积极参与对薄弱学校的教育支援，努力创建平台，安排中青年骨干教师深入名校跟班学习。学校每学年都会选派一批优秀的中青年教师，以各种方式到各受援学校进行支教；每学年均会选派部分中青年教师到省内名校跟班学习，也经常邀请各学科名师到学校开设讲座，为中青年教师拓宽教育教学视野创造机会。

2018年以来，学校教师参加各级各类教育教学技能比赛，斩获颇丰：赖碧清老师的《心若向阳花自开，人若向暖清风徐来》在全国扶贫宣传教育展示展播活动中荣获文字类二等奖；徐国文、张宝珠老师在中央电教馆举办的2019年度"一师一优课，一课一名师"活动中获部级"优课"；吴攀老师在福建省第五届中小学教师教学大赛中获得三等奖；王琼琼老师获2021年度福建省青年数学教师优秀课一等奖等。

3. 做强高层次教师和关键少数教师的榜样效应

（1）高层次教师群体和关键少数教师群体是学校的名片，他们是教师队伍的标杆榜样，引领学校教师团队的专业发展。

学校重视高层次教师专业发展，为高层次教师量身打造专业成长规划。学校每年根据《德化一中高层次教师重点培养对象名单》对高层次教师进行目标考核，目标考核分为合格与不合格，将论文撰写、参与课题研究、"飞凤讲堂"讲座等纳入考核内容，鼓励高层次教师在核心刊物上发表论文、出版个人专著，并给予奖励。目标考核合格者给予基础奖励和各项其他奖励，而目标考核不合格者则没有任何奖励，教科室还要对考核不合格老师进行约谈。规范的考核管理和奖励，使得有高层次发展意愿的老师，有了明确的目标和为实现目标进行有序而有效的自我提升，效果显著。2018年以前，学校要推荐参评正高级、特级、省级学科带头人等高层次教师人选，经常面临没人符合条件的窘境。2022年，学校有条件参与评选特级教师的人选就达到9人。吴志鹏老师积极总结教学经验，先后有近九十篇论文发表于《中国数学教育》《数学教学》《中学数学研究（华南师范大学版）》等二十多种刊物，助力他通过正高级教师职称评审；徐建新老师常年积极投身教育科研，主持和参与多个省、市、县级课题研究，在中文核心期刊上发表论文，先后获得"福建省学科带头人""福建省优秀教育工作者""福建省特级教师"等称号，并获评正高级教师。

（2）学校重视关键少数教师群体的专业化发展，积极为关键少数教师群体搭建专业化发展平台。关键少数群体，虽然不是教师队伍的主体，却经常在关键时刻、关键领域起到关键性作用，虽然他们并不一定都是高层次教师，却和高层次教师一样具有很强的榜样号召力。学校将关键少数的对象定位在三类群体，即快速成长的新教师、拔尖人才辅导教师、已获取高级职称或突出荣誉的教师。

学校特别关注快速成长的新教师，积极为他们搭建进一步成长的平台。新教师接受的是最新的教育理念和教育观，有激情，有创新精神，不断给学校教师队伍带来新的活力、新的思维，潜移默化地影响着老教师的观念，尤其是新教师与导师互动过程中，互相促进，一起成长。快速成长起来的新教师，对整个教师队伍具有很强的影响力，学校根据实际需要和他们的特长，将他们安排在相应的重要岗位上锻炼。2018年以来，已经有10名新入职的教师进入拔尖人才辅导团队、学科备课组长、命题组成员、处室跟班锻炼等关键少数群体，占比达45.4%，这得益于学校对青年教师的培养与帮扶。

学校非常重视拔尖人才辅导团队的建设。为国家选拔拔尖人才奠基，是示范性高中学校的重要任务之一，为此学校组织了各学科具有精湛业务能力、富有开拓精神和奉献精神的部分教师参与拔尖人才的辅导工作。对于这一群体，学校在外出培训、带辅导对象外出培训、引进专家做讲座或辅导都给予了极大的支持，为他们收集购买更多高端的教育教学资源开"绿灯"，使学校拔尖人才培养的奠基工作不断取得新突破。徐志刚老师在竞赛辅导、科技创新辅导、教育科研等方面有着突出贡献，并出版了个人专著，获得"全国五一劳动奖章"的荣誉，获评正高级教师。青年教师肖满捷常年参与物理竞赛辅导和物理学科培优工作，取得优异的成绩，培养了许多拔尖人才，是学生心目中"哥哥"型的老师，被评为德化县首届"最美教师""最美劳动者"等。

学校积极为已获得高层次教师的群体构建进一步成长的平台。如创建名师工作室，鼓励参与更高层级的名师工作室，要求他们积极申报高级别教育科研课题研究，为他们外出讲座等开绿灯，充分发挥高层次教师的示范辐射效应。陈荣天老师身为"福建省特级教师"，率先垂范，积极主持或参与国家级、省级等教育科研课题研究，在中文核心期刊《物理教师》发表论文，获得"福建省先进工作者"等荣誉称号，并被聘为"泉州师范学院物理与信息工程学院物理专业教学实践指导教师"。

虽然关键少数教师的专业化发展已经走在了整个教师团队的前列，学校针对这一群体的管理并没有独立出来，还是归在三个层次的管理体系中，有待进一步搭建更加科学有效的专业发展管理平台。在学校第十届教代会第三次会议上，教师代表提出了《重视关键少数教师群体专业化成长》的议案，学校经过研究决定给予立项，同时安排教科室进一步完善落实关键少数教师群体专业化成长的实施机制。相信不远的将来，关键少数教师专业化发展的培养也会成为学校教师专业化发展的重要特色。

（四）教育科研是提升专业素养的重要途径

作为"福建省教育科研基地"，学校非常重视教育科研对师资队伍专业发展的创新引领，制定了《德化一中教育科学研究课题管理办法》（包括教育科研成果在教师目标考核、职称职级评聘中的应用）和《德化一中教育科研奖励方案》，将承担或参与教育科研课题研究作为各层级培养对象考核的重要内容。教育科研已成为学校教师心目中专业化成长的重要引擎。

1. 教育科研推动教育教学理论水平的提升和教育教学理念的更新

时代在发展，很多教育科研课题代表的是最前沿的教育教学理念，对教育科研参与者的教育教学理念的更新起到很好的推动作用。近年来，学校每年在研的各级各类教育科研课题均达40个左右，教师课题研究参与率超83%，几乎每个课题都有与课题理论相关的CN论文发表，部分省、市级课题发表的相关论文超过10篇，个别课题还有专著出版，这对参与课题研究的老师在教育教学理论水平上的提高和对教育教学思想方法的思考总结上有着很好的促进作用。

教育科研的发展推动了教师不断挖掘提炼教育教学成果。赖厚利老师负责的《"成就感·个性化·审美力"三阶式校园文学发展20年探索与实践》获市基础教育教学成果特等奖，徐高挺老师负责的《基于数学实验的高中数学教学创新》获市基础教育教学成果一等奖。

2. **教育科研促进教师教育教学与现代教育技术应用的深度融合**

随着教育现代化的不断深化，信息技术与教育教学的深度融合等逐渐成为教师必备的技能，但在5年前却是摆在学校教师面前的一大技术难题，大部分教师没有信息技术与教育教学深度融合的概念。为改变不利局面，学校积极搭建平台，采取了"走出去、请进来"等方式，组织教师全员参与教育信息化2.0培训，让老师全面认识教育技术现代化，为更进一步探索提升教师对智慧教育的理解，更好地掌握和应用现代教育技术，学校先后组织进行"智慧教育环境下山区高中教师专业化成长的探索与实践"等智慧教育课题的研究。随着研究的深入，数学组徐高挺老师认为教育技术现代化不能只停留在通识层面，必须与学科深度融合才能将其作用发挥到极致，因此与数学组部分教师开展了"常用软件环境下高中数学实验研究"课题研究。与智慧教育相关课题研究的深入开展有力推动了教师应用现代教育技术热，大幅度提升了学校教师教学软件的整体应用水平和信息技术深度融合能力，学校也被教育部授予"2021年度网络学习空间应用普及活动优秀学校"。

（五）培训与展示是激发热情的良好机制

教师培训与常规教研活动是教师专业化成长常规活动，抓好培训与常规教研工作对教师专业素养的日常积累有着很好的促进作用。而教师专业素养展示平台能够满足教师展示自我的心理需求，从而激发教师自我实现专业化成长的热情。

1. **完善教师培训体系，落实教师培训任务**

认真做好学校教师培养培训规划，提高教师专业理论水平和教学技能。通过研修培训、学术交流、项目资助等方式，根据不同层级的教师安排相应的培训，使培训活动具有针对性，提高培训的有效性。积极为教育教学骨干、学科带头人寻求高水平的培训平台，为造就一批教学名师和学科领军人才奠定基础。

2. 开辟能力展示平台，激发素养提升热情

学校每年举办"教师素质提升月"活动，先后开展教师教育教学技能比赛、展示课与汇报课、青年教师素养考核、教育科研展、教育教学成果汇报会等丰富多彩的活动，很大程度上激发了全体教师专业发展的热情，很好地弱化了职业倦怠现象。学校开辟"飞凤讲堂"，学校教师有新的想法要发表，有教育科研成果要展示，有业余专长和经验要分享，都可以到教科室申请开设"飞凤讲堂"专题讲座。

二、教师成长步伐加快，竞相迸发

根据"福建省示范高中"建设标准，在上级党委政府、教育行政部门和教育教学业务管理部门的关心支持，全校教师上下一心不懈努力下，2018年以来，学校的教师队伍建设取得显著成效，队伍结构更加合理，专业发展更加显著。

（一）队伍结构更加合理

从学历结构看。2018年以来，学校致力于硕士研究生及以上学历人才的引进，5年来硕士研究生及以上学历教师人数由3人增加至22人，在专任教师中占比由原来的2.13%增加到现在的11.11%。

图3-6

2018—2022年德化一中硕士研究生及以上学历教师变化情况

从年龄结构看。随着高学历教师、年轻教师得到持续的补充，学校教师队伍年龄结构日趋合理。2018年，学校30岁以下专任教师仅有3人，在专任教师中占比仅1.60%，存在年龄断层的问题。至2022年，学校30岁以下专任教师增加到12人，占比增长了4.46%，师资队伍的年龄结构日趋平衡。

图 3-7

2018年德化一中专任教师年龄结构

图 3-8

2022年德化一中专任教师年龄结构

从学科结构看。2018 年，学校英语教师只有 26 人，与语文、数学等学科相比人员明显不足；物理、生物、体育、音乐、心理健康等学科教师略显不足，而历史学科则相对过剩。经过新教师的招聘、教师流动机制的落实和退休的自然减少，英语教师净增 3 人，达到 29 人，与语文、数学等学科持平，物理教师净增 3 人，生物教师净增 3 人，体育教师净增 2 人，音乐教师净增 1 人，历史教师净减 3 人，教师学科结构更加合理。

图 3-9

2018 年德化一中专任教师学科结构

图 3-10

2022 年德化一中专任教师学科结构

（二）专业发展更加显著

2018年以来，学校教师队伍在整体性发展和教师个人专业化成长上均取得突出成效：

1. 高层次教师的发展取得了喜人的成绩

2018年以来，学校增加正高级教师3人、特级教师1人、省学科带头人2人。

2. 教师获得荣誉与获奖的级别越来越高

2018年以来，学校教师获全国"五一劳动奖章"1人、福建省先进工作者2人、福建省优秀教育工作者1人。基础教育教学成果取得突破性进展，获县级及以上基础教育教学成果奖7项次，其中市级特等奖1项次、市级一等奖1项次、县级特等奖2项次、县级一等奖3项次。教师在市级及以上各类技能比赛中获奖164项次（不含基础教育教学成果奖），其中国家级二等奖1人次、国家级优课2节、省级一等奖10人次、省级二等奖10人次、省级三等奖（含优秀奖）10人次、市级一等奖19人次、市级二等奖43人次、市级三等奖（含优秀奖）70人次。

3. 教师教育教学理论总结水平越来越好

教师论文发表的数量和质量都有较大的提升。2018年以来，学校教师在CN级刊物发表论文超660篇，其中核心期刊发表4篇，人大期刊转载1篇，出版专著2本，印刷校本教材近120种。

三、"提升月"打磨匠心，苦练内功

为打造一支专业素质过硬的队伍，学校除做好常规的教师专业化成长的培养工作，还认真把脉教师成长过程中存在的问题和不足，认真研讨，寻求优化教师培养的方案，本着"为专业成长打磨功底，为素质提升砥砺前行，为展现教师风采踔厉奋发"的目标，学校在每年11月举办"教师素质提升月"活动。"教师素质提升月"活动为期一个月，每次活动安排四个模块，八至九项子项目。该项活动对学校师资队伍的专业成长起到良好的助推作用，激发了学校师资队伍的活力。

"教师素质提升月"模块一：自我提升

本模块包含了青年教师专业素养考核、教师论文修改现场赛、教师素质赛等三项活动，活动以比赛或考试的形式，对学校教师专业素养进行考核，通过表彰先进促使全体教师共同进步。

"教师素质提升月"模块二：互助帮扶

本模块主要包括青年教师结对帮扶签约仪式、青年教师汇报课、导师展示课等活动，意在通过互助帮扶，以老带新，以新促老，在学校营造浓厚的教师专业发展氛围，努力促使教师群体总体素质的提升。

"教师素质提升月"模块三：科研展示

本模块主要包括基础教育教学成果、教育科研成果评奖与成果报告会（本项内容根据需要安排，一般2－3年开展一次）和教育科研展，意在展示学校落实教育教学与教育科研的基本情况和特色亮点，以及所取得的喜人成果，激励教师积极参与教育科学研究和教育教学成果总结提炼。

"教师素质提升月"模块四：专家引领

本模块主要是专家讲座活动，在教师素质提升月期间根据教师素养培养需要，邀请相关领域的权威专家或学校资深教师作指导讲座，为学校的教育教学与教育科研把脉问诊，为教师专业成长寻求良方，活动的开展受到广大教师认可。

作为福建省首批示范性普通高中学校和福建省教育科研基地，学校为打造更加适应学校发展的教师队伍，在教师的培养模式上不断探索、不断优化，意在通过教师素质提升月活动促进全校教师积极投身综合素养提升，引导教师终身学习，为学校的全面发展作出积极贡献。目前，学校的"教师素质提升月"活动已经举办三届，活动方案日趋成熟，并取得一定成效。

附：《福建省德化第一中学2022－2023学年教师素质提升月活动方案》

福建省德化第一中学2022－2023学年教师素质提升月活动方案

为进一步提升我校教师综合素质，加快教师专业化成长，检验教师专业成长状况，也为教师的专业化成长搭建更好的发展平台，经行政会研究，决定举办"德化一中 2022—2023 学年教师素质提升月活动"。

一、活动时间

2022 年 11 月 1 日至 11 月 30 日

二、活动地点

德化一中

三、参加对象

全校教师，县内兄弟学校、三校教学联盟及我校帮扶的学校。

四、活动项目

1. 青年教师结对帮扶签约仪式（2022 年 11 月 3 日 19:00—20:30）。

2. 青年教师专业素养考核（2022 年 11 月 10 日 15:00—17:30）。

3. 指导教师展示课（2022 年 11 月 1 日至 11 月 15 日）。

4. 专题讲座（2022 年 11 月 1 日至 11 月 30 日）。

5. 教师论文修改现场赛（2022 年 11 月 24 日 19:00—21:00）。

6. 教师素质赛（2022 年 11 月 27 日）。

7. 青年教师汇报课（2022 年 11 月 16 日至 11 月 30 日）。

8. 教育科学研究成果展（2022 年 11 月 20 日至 11 月 30 日）。

五、具体活动安排

（一）青年教师结对帮扶签约仪式

1. 活动时间：2022 年 11 月 3 日 19:00—20:30。

2. 活动地点：德化一中凤凰楼一楼录播室。

3. 责任科室：教科室。

4. 参加对象：未完成一轮教学的青年教师及对应的指导教师（具体名单详见教科室通知）。

5. 活动内容：

（1）新入职教师与指导教师的签约仪式；

（2）教师专业化成长专题讲座。

6. 活动要求：本次活动结束后，活动负责人要向教科室提交专题讲座课件、签约证书副本、签到表、活动照片等材料。

（二）青年教师专业素养考核

1. 活动目的：通过对青年教师专业素养的考核，有助于了解和评价青年教师专业素养的提升情况，以期使得学校能够更有效地培训和帮助青年教师成长，提升青年教师的政治觉悟和业务水平。

2. 活动时间：2022年11月10日15:00—17:30（考核时长由命卷教师决定）。

3. 活动地点：德化一中凤凰楼一楼录播室。

4. 责任处室：教科室。

5. 参加对象：未完成一轮教学的青年教师。

6. 试卷命制、监考、阅卷等工作由教务处临时指定专业素质高、责任心强的老师担任。

7. 结果应用：答卷存入教师成长档案，成绩作为教师专业成长学期考核的重要组成部分。

8. 活动要求：教务处、教科室共同做好试卷的评阅、存档、成绩公布等工作，并做好考试结果的应用。

（三）指导教师展示课

1. 活动目的：通过指导教师展示课，充分发挥指导教师在教学中的引领、示范和榜样作用，展示指导教师的教学特色，为青年教师提供学习的机会和交流的平台，让青年教师课堂教学水平再上一个新台阶。

2. 活动时间：2022年11月1日至11月15日。

3. 活动地点：德化一中。

4. 责任处室：教务处。

5. 参加对象：教研组全体教师及部分兄弟学校教师。

6. 活动内容：

（1）指导教师开设展示课；

（2）教研组针对展示课开展专题教研活动。

7. 活动要求：教务处统一安排上课班级、时间、地点，教研组长组织组内老师听课、评课；活动结束后，指导教师要向教科室提交本课教案、课件、评课记录、签到表、活动照片等材料，被指导的新教师要向教科室提交听课心得。

(四) 专题讲座

1. 活动目的：营造学术创新氛围，活跃学术思想，引发学术争鸣，促进学术交流。通过"走上去"，走上讲台、论坛，开设讲座，激发教师的教育科研热情，锻炼提升教师的学术科研水平，为教师的教育科研成长做铺垫。

2. 活动时间：2022年11月1日至11月30日。

3. 活动地点：德化一中科学楼学术报告厅或学科教研室。

4. 责任处室：教科室、信息中心。

5. 参加对象：学校部分科目教师及兄弟学校部分教师。

6. 活动内容：安排至少3场讲座（本次讲座由语文、历史、信息教研组各指派一位老师开设，其他科目若有教师愿意开设请到教科室报名并由教科室安排讲座时间）。

7. 活动要求：教研组长将主讲老师姓名、时间、地点、与会人员上报教科室并发布信息，收集讲座课件、图片、签到表上报教科室存档。

(五) 教师论文修改现场赛

1. 活动目的：论文写作有利于教育教学经验的分享与交流，论文的修改是论文写作的一项基本功，通过现场赛有助于推动教师提升阅读能力、提高阅读素养，以及文字、语言的交流和表达等方面的能力，全面提升教师素质。

2. 活动时间：2022年11月24日19:00—21:00。

3. 活动地点：德化一中凤凰楼一楼录播室。

4. 责任处室：教科室。

5. 参加对象：各教研组选派2—3名选手。

6. 活动内容：开展论文修改活动现场赛。

7. 活动要求：项目负责人做好活动现场的安排，比赛材料的分发、收取，以及做好比赛的评比、比赛结果的公布等事项。活动结束后，应向教科室提交签到表、活动照片等材料。

备注：论文修改活动现场赛的题目命制、评委选取、评奖工作等由教科室负责。

(六) 教师素质赛

1. 活动目的：引领教师充分关注自身教学技能和素质提高，从而提高全校教师队伍整体的水平，通过比赛就是要达到"以赛促学，以赛促教，以赛促提高"的目的，同时为广大青年教师提供学习交流和展示的平台。

2. 活动时间：2022年11月27日。

3. 活动地点：德化一中。

4. 责任处室：教务处、教科室、信息中心。

5. 参加对象：各教研组选派2—3名选手。

6. 活动内容：比赛项目由责任科室共同商定。

备注：比赛环境的准备工作由信息中心负责。志聪老师要做好活动材料的收集整理，同时做好活动结果的公布。

（七）青年教师汇报课

1. 活动目的：青年教师是教师队伍的生力军，合理的专业知识结构、过硬的教学基本功、娴熟的教学技能、较强的教科研能力是年轻教师走向成熟的标志，通过青年教师汇报课的开展，促进青年教师更快、更好地发展。

2. 活动时间：2022年11月16日至11月30日。

3. 活动地点：德化一中。

4. 责任处室：教科室。

5. 开课教师：2022年度新教师重点培养对象，在我校实习的实习教师。

6. 参加对象：教研组全体教师及部分兄弟学校教师。

7. 活动内容：

（1）青年教师开设汇报课；

（2）教研组针对汇报课开展专题教研活动。

8. 活动要求：教务处统一安排上课班级、时间、地点，教研组长组织组内老师听课、评课；新教师在授课结束后，应向教科室提交教案、课件、反思、活动照片等材料，指导教师必须提交评课材料。

（八）教育科学研究成果展

1. 活动目的：为更好推动我校教育科研工作，进一步深化教育教学改革，展现我校"真研促教"教育科研宗旨，展示我校近几年来教育科研情况及其成果，提升我校教育改革与发展内涵。

2. 活动时间：2022年11月20日至11月30日。

3. 活动地点：科学楼一楼大厅，学校南大门。

4. 责任处室：教科室。

5. 展览对象：2019－2022年县级及县级以上教育科研课题（详见教科室通知）。

6. 展览内容：课题简介，课题研究过程，取得的主要成果（含获奖），成果在教学中的应用，课题研究的特色或亮点等。

四、对准问题靶向施策，活力增强

学校一直致力于优化教师队伍专业化发展平台，为教师的个人专业化发展创造良好的机制，并取得了喜人成效。但教师专业化发展是随着时代的变迁、社会整体认知水平的变化等而变化发展的。学校将继续本着"外引人才、内提素质、以研促升"，以全新的一校多区为短期建设目标，致力打造具有学校特色，具有高起点、对标省级示范高中的优秀师资队伍。

（一）多区联动，盘活发展，进一步优化教师队伍结构

学校"一校多区"即将落地，在教师队伍建设方面，如何实现"多区联动，盘活发展"是学校近期着重思考和落实的重点。根据现实情况，学校将采取"先充实，再盘活"的策略，即先通过各种途径充实新校区师资，再实现"三区联动"的合理流动，促进教师队伍结构的进一步优化。

1. 制定《德化一中霞田新校区教师充实方案》

霞田新校区启用在即，教师的充实迫在眉睫。学校将从三个方面入手实现教师的充实：一是落实"外引人才"，从外校、外地引进骨干教师；二是科学合理地招聘新教师，尤其是高学历教师的引进；三是从本部校区和鹏祥校调整部分骨干教师，从一开始就实现新校区教师队伍专业化成长的"传、帮、带"体系。在教师招聘和引入的过程中充分考虑学科的合理配置，优化师资队伍的学科结构。

2. 制定《德化一中一校多区师资流动方案》

实现一校多区内部师资的科学合理流动机制，根据学校教育教学需要动态调整师资队伍的学科结构、年龄结构和层次结构，盘活一校多区的师

资内循环，增强师资队伍活力。例如从"2022年学校教师的年龄结构直方图"上看，学校现有教师年龄结构较为不合理，35周岁以下的青年教师和46到49周岁的中年教师占比较低，而50周岁及以上教师占了30%，短时间内将面临退休潮，易造成年龄、数量断层和学科结构失衡。结合启动多个校区联动调整，将比原来一个校区内的自我完善要科学便捷得多。

3. 进一步优化特定学科教师的结构和质量

时代在发展，学生的知识追求和素养发展需要维度越来越高，对学校师资队伍的发展提出了更高的要求，除了常规设置学科，还需要补充或培养一些特定学科师资。例如"校园文学"与"陶瓷艺术"是学校办学特色的主要内容，现由两名美术教师兼任陶瓷艺术教师，并聘请了一批校外陶瓷艺术辅导员，没有专任教师，必须在近期招聘一名专业陶瓷艺术教师或进一步提升美术教师的陶瓷艺术专业素养；近年来，学校击剑、攀岩、轮滑、陆上赛艇等特色体育项目发展迅速，而相关教师都是原有体育教师培训转型而来的，平时都有满工作量的常规教学任务，只能满足课外训练与兴趣小组活动要求，专任教师明显不足，有必要招聘部分特色项目的体育教师，同时强化培训提升现有兼任教师能力素养水平；心理健康教育在学校教育的地位越来越凸显，实现"一校多区"以后，现有两名专业心理健康教师，显然不能满足正常的心理健康教学与辅导的需要，应增加2-3名心理健康专任教师；另外，创客、建模、编程、科技创新、模联等已经成为中学生新兴的标配兴趣活动，目前，学校相关教师都是兼任，必须进一步强化培训提升，或招聘部分专任教师等等。特定学科是时代发展的需要，也是学生个性化发展和综合素养提升的需要，学校有必要将相关师资素养的提升和人员招聘纳入师资队伍发展规划，并在较短时间内实施。

4. 拓展"教师素质提升月"的区域辐射影响

学校的"教师素质提升月"活动已经比较成熟，但活动范围仅限于县域和几个结对帮扶学校、教学联盟学校，辐射影响力有限。如何拓展"教师素质提升月"活动的区域影响力？最有效的办法就是将提升月活动与省、市、县级教学公开周、学科研讨会、教育科研论坛等活动捆绑举办，将这些活动纳入"教师素质提升月"活动中，真正提升区域辐射影响力。

（二）内提素养，以研促升，进一步加快新教师成长步伐

新教师是学校的新生力量，是创新与活力的源泉，新教师的快速成长对一所学校的发展意义非凡。学校有较成熟的新教师帮扶、轮训、考核等规范的新教师专业化成长培养机制，也取得了良好的效果。但是，随着学校的发展，新教师将大量进入我校，新教师的调配与快速专业化成长是近期将面临的重要问题。针对新教师的调配问题，将根据《德化一中一校多区师资流动方案》，结合多个校区师资配备规划，根据年龄结构和学科结构进行科学调配，盘活一校多区的师资内循环，增强师资队伍活力。针对加快新教师专业化发展问题，学校将采取"内提素养，以研促升"策略。首先，进一步做好原有的结对帮扶、新教师培训、考核等做法的科学规范管理，提高新教师专业化成长管理的有效性。其次，学校将想方设法进一步拓展新教师成长的平台，例如，轮流安排新教师到教学联盟校跟班学习锻炼，让新教师在导师的指导下参与学科命题工作，进入处室锻炼等。其三是落实"以研促升"策略，一方面学校启动与新教师群体科学快速成长相关的教育科学研究课题的研究，通过科学研究寻求新教师快速成长的科学高效的管理模式、办法等。另一方面要求新教师必须参与学科类课题研究，通过参与课题研究快速提高自身的教育理论水平，快速掌握有效的课堂教学方法，成就良好学术品质等。

（三）关键少数，重点管理，进一步发挥关键少数的作用

对于关键少数教师群体，学校将本着"关键少数，重点管理，让关键少数发挥更关键的作用"的原则，进一步制定《关键少数教师群体的培养与管理方案》，优化拓宽关键少数教师群体的发展平台。

快速成长的新教师必然是学校发展的生力军，是将来学校的教育教学骨干、专家型高层次人才或学校管理者，对于这个群体，学校必将大力培养，根据个人特点让他们尽早进入命题组、担任备课组长、担当拔尖人才辅导、进入处室锻炼等，让他们在实践锻炼中快速成长起来，将他们新的教育理念、教育管理思想充分发挥出来，并争取机会将他们送到名校跟班锻炼，学习名校先进的教育教学与管理理念、模式。

拔尖人才辅导教师本身就是学校教师群体中拔尖的那一拨教师，针对

这一群体，要为他们收集购买更多优质的教育教学资源开绿灯，创造更多机会让他们参与高质量的学习深造、与名师进行交流互动等，激励他们在拔尖人才方面的培养取得更丰硕的成果。党总支、工会等也要多关注这一群体，尽量为他们解决家庭、生活等方面的后顾之忧。

　　已获取高层次职称或荣誉的教师群体，在专业化成长上已经达到较高水准，容易滋生"船到码头车到站"的高原现象。对于这一群体，重要的是让他们发挥出引领作用，可以安排他们以老带新，做新教师的导师，一方面用他们的人格魅力和影响力去激励新教师快速成长，另一方面也让新教师的创新理念促进他们接受更多新事物，进一步发展自我。

第四章

着眼课程建设　科学规划有"方案"

学校课程是学校育人的主要载体，学校课程关乎学校人才培养的质量和规格。因此，建设适合且有效的课程体系是学校落实立德树人根本任务、培养学生核心素养、促进学生全面而有个性发展以及学校特色化发展的关键所在，对深化学校育人方式的改革和学校特色化发展具有积极的现实意义。

建校之初，学校设有国文、英文、数学、史地、理化、体育、图画、艺术、公民、军训、农学、社会、簿记、医药、珠算、工艺、童子军等课程。新中国成立初期，百废待兴，国家急需大批有专长的建设人才，特别是有一定数学知识和自然科学知识的经济建设人才，在1950年精简课程和1952年制订新的教学大纲中，学校把课程改革的焦点集中在自然科学方面。"一五"期间，中学教育纳入发展国民经济计划的轨道，在课程结构上，既侧重智育，也注意德育、体育、美育和劳动教育。"文化大革命"期间，取消物理、化学、生物课，改设"工业基础知识"和"农业基础知识"，开设有农业技术、农村财务、农业机具、畜牧兽医、赤脚医生等专业技术班。1977年至1986年，重视学生的全面发展，课程设置既重视智育的教育，又注意加强学生的思想品德教育和卫生保健工作。1986年以后，学校实施国家课程、设置地方课程、开发校本课程，形成三者有机统一的立体课程结构。2001年以后，增加选修课程，开展研究性学习、社会综合实践等活动。2004年以后，学校实施普通高中新课程改革，探索和实践课程开发、课程管理、评价改革、校本教研、师资建设、资源利用。2007年，游泳课列入必修课。2010年4月，学校制定《德化一中"体育与健康"课程模块教学实施方案》，根据学校运动场地、器材设施、教师资源、学生兴趣与特长，在高中三年各个学段，设置游泳、健康教育两个必修模块，篮球、排球、足球、羽毛球、乒乓球等五个选修模块。2014年9月，学校在复建后的县文庙开设国学课程，每个学期设置两个专题，传授国学精粹，传承古典文化，弘扬传统美德。2016年秋季，高一年级有《古诗词诵读》等选修课程17门。2017年秋季，高一年级有《计算机的组装与维护》等选修课程22门；《初高中数学衔接教程》《高中数学教材的二次开发》等选修课程获评县基础教育教学成果一等奖。2018年春季，高一年级有《德化民俗与家礼》等选修课程32门；高二年级有《科技创新的理论指导与实践》等选修课程17门。

2018年以来，学校在全面落实素质教育，积极推进课程改革的过程中，以"飞凤"为寓意，以学科内重整、学科间融合为抓手，以满足学生全面发展和个性发展的需要、适应社会发展需求的课程体系为依托，着力培养高中生必备品格、关键能力、学科素养、创新精神和实践能力，构建"人文素养培育""科学精神培育""公民素养培育"三位一体的"飞凤"课程体系，促进学校特色化发展。

一、课程建设逐步优化，日益健全

（一）严格完善课程体系，满足学生成长需要

为促进学生全面发展和健康成长，不断提高学校办学水平，办人民满意的教育，学校认真贯彻上级部门相关会议精神，端正办学思想，规范办学行为，严格按照国家课程计划开足课时、开齐课程。

1. 成立新课程实施领导小组

成立以校长为组长，副校长为副组长，其他处室主任和教研组长为组员的领导小组。小组内部分工明确，各司其职，切实加强对新课程实施的管理。

2. 严格按要求开足开齐课程

学校以学生发展为本，严格执行国家课程计划，开足开齐各类课程，切实保障音乐、美术、体育与健康、综合实践活动等课程的正常开设。同

时，学校根据课程标准，安排课时，排好课表，各科课程都有专任教师，严格按课程表上课。

3. 制定"一校一案"课程体系

在减负增效背景下，明确基础教育课程设置原则，制定好适合学校的"一校一案"课程体系；加大思想政治、《习近平新时代中国特色社会主义思想学生读本》、技术、艺术、体育与健康、劳动教育等课时量。

（二）认真落实地方课程，激活课程育人功能

地方课程是根据地方经济、政治、文化的发展水平及其对人才的特殊要求，充分利用地方课程资源而开发、设计、实施的课程，具有鲜明的地域特色。国家课程、地方课程、校本课程构成学校三级课程体系，共同服务于学生德智体美劳全面发展。地方课程建设是专业性很强的工作，在课改深化期探讨地方课程的育人价值、建设发展和实施路径，有助于引发对如何落实立德树人任务、提升学生核心素养等问题的深度思考。

学校重视对学生开展"五育"教育，并在学校课程中开发不同类型的地方课程，包括德化陶瓷历史与文化、德化乡土课程、中华优秀传统文化、心理健康、信息技术、知识产权、高中生涯规划与管理等多个门类课程，以丰富的课程支撑"五育"并举。

（三）积极开发校本课程，促进学校内涵式发展

校本课程开发能促进学生个性发展，促进教师专业发展，促进学校特色形成，推动学校内涵式发展。实施校本课程对教师而言既是挑战，更是提升自我专业能力的机会。近年来，在将国家课程与校本课程相结合的基础上，学校结合实际，大力推进校本课程的开发与建设，先后开设近120门选修课程供学生自主选择。

针对校本课程的开发与建设，学校教师积极作出响应。遇见美好、传递美好、弘扬美好是寇德应老师的"牡丹传说及历代诗词赏析"校本课程带给大家最温暖的感受。课程从牡丹花入手，选取经典的历代诗词进行赏析，通过音乐的铺垫渲染，展现出基于传统文化建设的校本成果。赖诗有老师的"SCRATCH编程"——基于信息技术的校本课程，设计独具匠心，善于捕捉课堂上的每一个闪光点，充分借助多媒体信息技术优势，让

课堂充满灵动和活力。徐高挺老师的"超级画板环境下的数学探究与实验"课程利用"希沃白板"将静态的课本素材通过现代化的信息技术手段转化为动态的学习资源，紧紧抓住学生的好奇心，调动学生的多种感官，激发学生解决问题的欲望。周明墩老师的"趣味数学"校本课程，注重数学与科学、数学与生活之间的联系。该课程通过师生之间的交流互动，帮助学生梳理和识记数学知识，渗透"数学即生活"的理念。学校校本课程深化开发研究，优化了国家课程、地方课程和校本课程结构，丰富了学科教学内容，有利于育人目标的达成，提升了教育教学质量。

二、教育教学全面推进，更趋协调

学校经过多年的建设、探索和实践，以"飞凤"为寓意，构建五育并举"飞凤"课程体系。这一课程体系的实施，不仅使学校学生的基础文化知识水平、科学素养有了显著提高，而且在促进学生全面发展、学术可持续发展等方面也取得了一定成效。

（一）形成了开放灵活的校本课程体系

学校自新高考改革以来开始实施"分层分类，全面发展"的校本课程体系。该体系以国家课程为根基，以学生的发展为本，形成了以学生主体、教师主导、生生互动、人人参与的教学模式，切实保证了学生在学校学习的主体性和灵活性。近年来，在将国家课程与校本课程相结合的基础上，学校从实际出发，大力推进校本课程的开发与建设，先后开设近120门选修课程供学生选择。其中"红楼梦赏析""中华地域文化探究""小说金庸"等校园文学选修课，以及"瓷画艺术""瓷花艺术""陶瓷雕塑""德化陶瓷"等陶瓷艺术选修课为办学特色提供了课程支撑，并聘请省级工艺美术大师、省级陶瓷大师、德化县作家协会的成员到校为学生开课，增强师资力量，丰富课程资源。这些校本课程的开设使学校校本课程体系更加开放灵活，有利于促进学生个性化发展。

图 4-1

中国工艺美术大师，中国陶瓷艺术大师，国家非物质文化遗产"德化瓷烧制技艺"代表性传承人陈明良为"陶瓷欣赏"选修课程的学生讲授"德化瓷器鉴赏——白瓷之美"

图 4-2

语文组徐国文老师为学生上文学类校本课程

（二）促进了学生综合素质的有效提高

构建学校课程体系最重要的目标之一是促进学生综合素质的提高。经过多年的探索与实践，学校在课程设置、课程结构等方面都有了较大的变化，学生个性得到了充分发展，综合素质也有了较大提高。这种变化既体现在学习成绩的提高上，也体现在综合素质的成长方面。学校课程的有效实施，普遍提高了学生的综合素养与能力。学生在艺术和科技活动中屡获佳绩，学生的实践能力也在活动中得到发展和提升，选修课"德化陶瓷红色文化的探寻与挖掘"让同学们走出了校门，走进陶瓷博物馆，走进陶瓷实践基地；"手工编织""棒针教程""十字绣技巧""陶艺雕塑与装饰"等课程的师生共同完成的一件件作品，震撼着每一位观众，学生们的手工作品还作为礼物赠予兄弟学校；"经典诵读赏析"（诵读社）、"击剑"（击剑社）、"辩论技巧"（辩论社）等一场场活动，都是全校师生业余生活的重头戏……

（三）实现培养目标和教学目标的高质完成

普通高中课程方案明确提出了普通高中培养的三个目标：一是发展学生的核心素养；二是提高学生的关键能力；三是促进学生个性化发展。根据不同层次学校的实际情况，对不同学段学生的培养目标和学习要求进行分类指导，要求各学段学生在德、智、体、美、劳等方面全面发展。其中，高中阶段的语文、历史、地理和艺术等课程还在课程结构中体现出更为具体的培养要求，并强调加强与高中学业水平考试科目的衔接。学校"飞凤"课程体系的实施，提升学生核心素养和教师的专业素养，基本实现了培养目标和教学计划要求。学校近年来高考成绩实现跨越式发展。

（四）推进了各门学科课程的建设实施

学校在国家课程的基础上，结合学校自身特色与学科特点，积极开发了符合本校特色与满足学生需要的特色课和选修课。同时还积极利用社会资源，将丰富多样的社会实践、公益活动、劳动实践等纳入课程体系。通过不断深化改革、系统规划和科学设计，形成了门类齐全、结构合理、实施有效的普通高中各学科课程体系。随着学校学科课程建设的不断成熟，学科课程建设成果也获得认可，英语学科、历史学科于2021年6月被泉州市教育科学研究所授予"重点建设学科"。

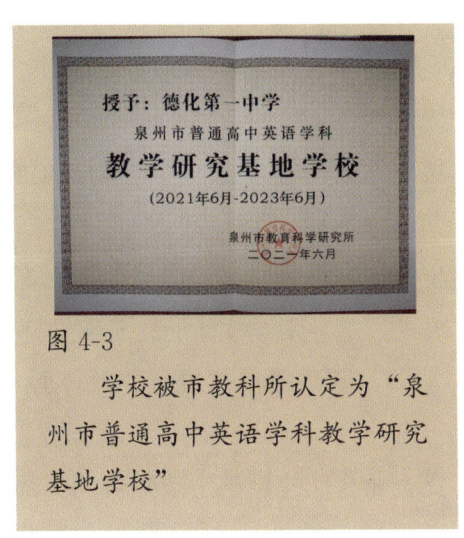

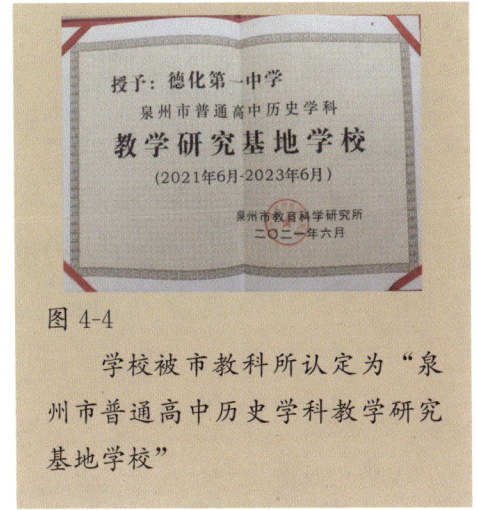

图 4-3 学校被市教科所认定为"泉州市普通高中英语学科教学研究基地学校"

图 4-4 学校被市教科所认定为"泉州市普通高中历史学科教学研究基地学校"

三、课程体系初具规模，健康发展

课程是实现育人目标的重要载体，体现着国家意志。德化一中以建设省示范高中为契机，以"探索立德树人育人理念、践行课程体系创新、加强学科核心素养研究、改革教与学方式、深化教师专业发展改革、教学管理制度创新实践、深化学生发展评价改革"等为抓手，先后开发近120门校本课程，构建并逐步完善了五育并举的"飞凤"课程体系，努力实现"五育并举齐聚力，鹏程万里任凤飞"的目标。

图 4-5 学校"飞凤"课程体系

（一）"凤头"德育：立德树人，凤鸣朝阳

学校在德育工作中结合学校特点积极探索，以"立德树人"为中心，融汇学校、家庭以及社会多方力量，开展一系列内容丰富、形式多样的德育活动及德育课程。

制定学生生涯规划方案，开发校本生涯规划课程"高中生生涯规划之专业解读""预见·遇见——我的生涯12课"等，对学生进行生涯规划教育。组织学生进入社区、银行、工厂、消防、政法等单位进行职业体验，引导学生提前规划，明确成长方向。

学校立足德化地方产业，与多个陶瓷企业合作建设学生陶瓷劳动实践基地，并聘请多位陶瓷艺术大师担任陶瓷艺术课程专任教师，打造以陶艺为特色的劳动教育课程；依托校园闲置土地、校园绿地、公共卫生区，开设覆盖全校各班级的农业种植、绿化美化、卫生打扫等劳动教育实践课程。

截止到目前已编撰《十四年抗战》《中华传统文化选编》《德化一中学生入学教育》《中国传统文化读本》《生活中常见的法律权利》等十余册德育教材，并开设相应的德育选修课，积极丰富学校德育课程内容。

（二）"凤身"智育：智育为本，凤秀慧中

智育是教育者有目的、有计划、有组织地向学生传授系统的文化科学知识和技能的教育活动，是全面发展教育的重要组成部分，是提高才智、发展智力的教育，是教育的核心。学校严格执行国家课程方案，进一步推进国家课程的校本化实施，并根据新课改新教材的需要，及时调整优化课程方案，构建重基础、多样化、有层次、综合化的课程结构。学校通过学科教育、贯通培养，塑造未来时代所需的一流人才智育体系。

1. 上好国家课程（选修和选择性必修）

为适应新高考，学校结合自身师资情况和生源特点，制定《德化一中三年课程规划》，要求上好八大学习领域的所有学科：语言与文学（语文、外语），数学，人文与社会（历史、政治、地理），科学（物理、化学、生物），技术（信息技术、通用技术），艺术（美术、音乐），体育与健康，

综合实践活动（军训、社会实践）。学生每一学年在所有学习领域都获得一定学分，既防止学生过早偏科，又避免学的科目过多，从而奠定学生全面发展的基础。

2. 开发校本课程

为了提高课程资源开发能力，丰富学校课程资源，同时进一步规范校本课程编写工作，提高校本课程的编写质量，构建起更加科学合理的课程体系，更好地推动省级示范性高中的建设，学校专门制定《德化一中关于进一步规范校本课程编写工作的实施意见》和《德化一中优秀校本教材评选方案》。经过四年的开发与建设，学校先后开设陶瓷艺术类、文学赏析类、艺术生活类、体育健康类、学科拓展类、生涯规划类等近120门校本课程供学生选择。

其中"红楼梦赏析""中华地域文化探究""小说金庸"等文学赏析类选修课，以及"瓷画艺术""瓷花艺术""陶瓷雕塑""德化陶瓷"等陶瓷艺术类选修课为办学特色提供了课程支撑，丰富了课程资源，深受学生喜欢；另外，历史组苏静老师编写的校本教材《史料研读》荣获泉州市中小学精品校本课程二等奖。

图4-6 校本教材《史料研读》

（三）"凤足"体育：体育锻造，凤骨龙姿

以身心健康、锻炼习惯培养和校园体育文化为重点，改革课程设置，形成体育课程群，引导学生形成"天天锻炼、健康成长、终身受益"的理

念。扎实组织"我运动、我健康、我快乐"的阳光体育活动，积极开展田径、篮球、足球、攀岩、射击、轮滑等各项青少年体育活动，举办春、秋季"体育节"，开展了形式多样的体育竞赛活动，校园内形成浓厚的"强身塑心铸魂"体育文化氛围，师生体质得到显著提升。

1. 课程设置打破传统

学校打破传统课程设置，实行全年级学生选课走班教学模式。高一上学期开设田径、游泳两个必修模块，高一下学期开设篮球、排球、足球、乒乓球、轮滑等5个选修课模块，每个学期学生自选1个模块，5个模块的老师同时开课，高二上学期分科后让学生重新选课，之后一直上到高三毕业。

2. 开设特色体育课程

全力打造"击剑""攀岩""射击""赛艇""轮滑"等体育特色课程。击剑是学校特色体育课程，有专业的教练员、专门的击剑运动队和击剑学生社团，学校形成了浓烈的击剑氛围；学校把轮滑运动纳入体育选修课程项目，向学生普及冰雪运动知识，培养学生的冰雪运动兴趣，让其体验冰雪运动的快乐；学校把开展冰雪体育特色运动作为立德树人的载体，向学生普及奥林匹克知识，落实奥林匹克教育计划。

图 4-7　击剑课

图 4-8　轮滑课

图 4-9

攀岩课

(四)"凤尾"美育：美育浸润，凤华天骄

学校美育课程体系是以审美和人文素养培养为核心，以创新能力培育为重点，围绕学校"以美育人""以情怡人"的美育理念，经过多年的打磨，形成了"一纵三横"美育课程体系，即纵向以课程目标为基准，建立高中"贯通式"美育课程框架；横向则以课程服务对象为基准，设计面向全体学生的基础型课程，面向部分有兴趣且有能力的学生的拓展型课程，面向个别有意愿在某一个领域进行研究的学生的研究型课程。纵横相交，使每一位学生在每一个节点上都有适合自己的课程，为每一位学生"私人订制"自己的美育课表。

1. 全面落实大美育

在以音乐、美术双科为主的传统艺术课程的基础上，恢复艺术本身的丰富性和联系性，对学科课程内容进行优化组合，尝试用主题课的形式进行多学科联合教学。语文课开设对诗歌、散文、小说、剧本的欣赏等课程；数学课开设数理公式与几何图形的奥秘探索课程；英语课开设英文诗、英文歌、英文剧集的欣赏课程等，全学科渗透体现学校对美的追求，加强艺术学科内部的融合。

2. 用活地方大特色美育课程

立足陶瓷文化地域优势，活化课程资源，聘请本土专家，为学生开设

"陶瓷雕塑""陶瓷绘画""瓷花艺术"等富有地方特色的各种陶瓷艺术选修课。分批组织学生到工厂、陶瓷艺术大师展厅、学校陶瓷艺术中心等进行参观采风，撰写作品体验文章，培养欣赏美、体验美、传播美的能力。

图 4-10

学生在上"陶瓷绘画"选修课

图 4-11

学生在上"陶瓷雕塑"选修课

（五）"凤翅"劳育：劳育渗透，凤飞千里

以培养学生全面发展、实施创新教育工程为核心，以培养学生的创新意识和动手实践能力为重点，认真开展劳动技术教育，将国家规定的综合实践、劳技等课程作为实施劳动教育的重要渠道，开足开好。教务处安排课表时，明确综合实践活动课中要有一半以上课时用来上好劳动课，保证劳动教育课时，并加强日常督查和教学研究。在语文、数学、道德与法治、美术等学科教学中渗透劳动教育内容，进一步增强学生劳动意识，提高劳动能力。主要课程有"陶瓷雕塑""陶瓷彩绘""微生活课程""手工编织""棒针教程""十字绣技巧""蔬菜种植""农业劳动"等。

积极探求新的教学课程和教学方法，增强学生劳动意识。通过劳动实践，提高他们的劳动技能；通过劳动实践，培养他们热爱劳动的思想、吃苦耐劳的精神和对生活的责任心，养成良好的劳动习惯。

图 4-12
农业劳动课

四、立足当前一抓到底，落到实处

（一）进一步完善基于课堂的增值评价体系

作为一种增值评价，主要是以学生的学习过程和结果为依据，将学生在学校教育中所表现出的进步、优势和发展潜力作为评价的核心内容，运用多种评价手段，对学生学习过程中所表现出来的认知能力、情感态度、价值观和行为习惯等方面进行综合评定。这种增值评价具有鲜明的应用性特点，它以课堂教学为主要载体，以促进学生学业成绩提升为核心价值追求，从而对促进学生核心素养提升起到关键作用。我校采取先制订评价标准、建立评价内容，再通过实施过程形成反馈，不断进行完善，争取建立一个科学合理、公平公正、及时准确、人人参与的课堂增值评价体系。

（二）进一步优化促进人才培养的课程体系

课程体系是人才培养的核心，是学校教育教学的核心，课程体系的质量决定了人才培养质量。在人才培养中，课程体系的构建是关键环节和核心问题。围绕普通高中课程建设展开的课程体系优化是一项复杂而艰巨的系统工程，学校将从调整和重构课程结构、提高师资队伍素质、丰富教学手段、完善教学评价等方面持续推进和完善。

（三）进一步提炼地方课程与国家课程的融合体系

《基础教育课程改革纲要（试行）》提出："国家、地方、学校三级课程管理，明确各级各类学校课程设置的目标和要求。"因此，建立三级课程管理机制，构建科学的地方课程管理机制，是国家、地方、学校三级课程管理的有机结合。地方课程与国家课程是相辅相成的关系，如果缺少了国家的指导和支持，地方不可能进行有效融合；而没有了地方的积极参与和大力支持，国家也就失去了融合之源。因此，建立科学的三级课程管理机制是推进地方课程与国家课程融合的重要保障。学校将从加强师资队伍建设、加强教学设施设备建设、增强学生实践能力等方面入手，建立和完善地方课程与国家课程的融合机制。

第五章

抓好体美劳育　全面发展有"引擎"

习近平总书记在全国教育大会上强调,要坚持中国特色社会主义教育发展道路,培养德智体美劳全面发展的社会主义建设者和接班人。除了德育、智育,开展体育、美育、劳动教育,对引导学生树立正确的世界观、人生观、价值观,帮助学生正确认识体育与涵养的融合、艺术与科学的统一、劳动与生命的价值,培养良好的体育精神,养成审美意识,提升美学追求和艺术素养,尊重劳动、热爱劳动同样具有重要的意义。

民国时期,学校因地制宜开设球类课程,定期组织学生远足、露营,举办学生运动会。1955 年,学校征用农田,开辟专门体育场地,即西操场;1977 年,修建 200 米环形跑道;1992 年,修建 400 米环形跑道;2003 年,飞达体育馆竣工,游泳成为学生必修课;2010 年,塑胶跑道建成。学校定期举办学生运动会,组织师生参加各级各类体育比赛。20 世纪 80 年代,学校开展音乐周活动,多次获得省、市(地区)表彰;1995 年以来,举办"德化一中校园文化艺术周"成为定例;2004 年以来,校歌《凤凰山下凤凰飞》成为入学新生传唱歌曲。民国时期,学校开设美术课程,配备专职美术教师,举办美术节;1956 年,成立美术教研组。20 世纪 50 年代至 80 年代,校办农场、工厂为学生提供劳动场所;组织学生参加支工支农生产劳动。20 世纪 90 年代,组织学生整理运动场地、后山茶园等校内劳动,到校外实践基地参加劳动实践。2000 年以后,以勤工俭学、义务劳动为主,依托陶瓷实践基地等场所分批开展陶瓷创作实践劳动,增加学生与一线工人交流的劳动体验,取得明显的教育成效。

一、五育并举握指成拳，求真务实

学校认真贯彻教育部颁布的《基础教育课程改革纲要（试行）》和《关于进一步加强普通高中新课程实验工作的指导意见》，不断深化教学改革，积极探索学校体育美育与劳动教育实践路径，结合地域特色、学校实际和学生情况，开足开全上好体育、美育和劳动教育课程，有序开展体育、美育、劳动教育，营造了多主体参与、职能部门协同、校内外教师示范引领的良好局面。

（一）以体育人，增强体质

1. 课程设置，打破传统

学校体育课程早在 2006 年就打破行政班上课的固有模式，采取按年级"分项选课走班"方式进行授课。每学期初，由学生自己选修运动项目并填表申报，再由体育教研组按照学生所报运动项目的人数重新进行组合，制定出体育课分项选课走班的教学方案。

（1）高一年级培养习惯。高一年级以体能模块教学为主，着重培养学生运动兴趣，养成自主锻炼的健康习惯。第一学期开设田径、游泳两个必修模块，第二学期在开设田径、游泳两个必修模块的基础上，进行传统体育项目分项教学，为阳光体育大课间奠定基础。

（2）高二年级掌握技能。高二年级以运动技能模块为主，进行分模块走班教学，以四个班级为一个单位，打破原来的教学班级，根据学生的运动兴趣组成不同（篮球、排球、足球、乒乓球、羽毛球、轮滑）班级，让学生选择自己喜欢的运动项目进行学习，同时开展体育社团、体育赛事等实践活动，在分项教学过程中，突出基本运动技能的教学，让学生学会锻炼身体、增强体质的方法，逐步提高学生的体育运动能力。

（3）高三年级激发兴趣。高三年级以体育行为课程为主，根据学生的个性化选择，组织分项走班教学。教师在教学过程中主要深入讲解运动项目，重点讲授项目的集体战术、专项的身体素质与技能练习、各项目的竞赛规则与裁判方法，引导学生培养 1 至 2 项有浓厚参与兴趣、熟悉比赛规则、能够长期坚持的运动专项技能。

2. 阳光体育，扎实开展

学校认真贯彻《中共中央、国务院关于加强青少年体育增强青少年体质的意见》，落实《学校体育工作条例》《学生体质健康标准》等，结合实际情况每年制订《德化一中阳光体育活动实施方案》，确保学生每天锻炼一小时。

（1）大课间集体锻炼。学校全面实行大课间跑操活动制度，以集体参加的方式，在潜移默化中促使师生养成体育锻炼习惯。每天上午 9:25—9:50 和下午 5:25—6:00 安排累计不少于 1 小时的阳光体育时间，组织全校师生进行体育锻炼。上午大课间由学生处和体育组统一组织，进行全程 800 米的阳光跑操，下午阳光体育活动主要是通过开展丰富多彩的体育活动（健跑、跳绳、拔河、轮滑、攀岩以及各种球类活动），促使学生积极参与体育锻炼。

图 5-1 大课间跑操（一）

图 5-2 大课间跑操（二）

图 5-3　阳光体育活动（一）

图 5-4　阳光体育活动（二）

图 5-5　阳光体育活动（三）

（2）运动会全员参与。学校高度重视春季、秋季运动会的开展，以丰富的比赛项目，确保校内运动竞赛的覆盖面，以集体荣誉感，培养"更快、更高、更强、更团结"的竞争精神。上半年举行春季趣味运动会，主要项目有：趣味运动、游泳接力、攀岩、轮滑等团体项目；下半年开展体育节与秋季运动会，主要项目有：田径、游泳、攀岩、击剑、轮滑、趣味运动等，增加集娱乐性、集体性、竞技性为一体的比赛项目，使运动会的内容和形式丰富多样，参与的学生达80%以上。

图5-6 第18届体育节暨第62届春季运动会颁奖仪式

图5-7 第18届体育节暨第62届秋季运动会开幕式

（3）专项赛营造热度。学校以专项赛的方式，在校园内营造浓厚的体育运动氛围，吸引更多人参与到体育锻炼行列。每年10月至11月份由学校组织开展高一和高二年级男子篮球联赛，另外由"体育竞技"类的学生社团适时开展班级之间、年级之间的篮球、排球、足球、乒乓球、羽毛球、跳绳、拔河等运动项目的比赛，形成"我运动、我健康、我快乐"的校园主旋律，促进学生全面、健康、协调发展。

图 5-8 高二篮球联赛

图 5-9 羽毛球比赛

图 5-10 "攀向未来，谁与争锋"攀岩比赛

3. 特色体育，得到推广

2019 年，作为福建省示范性普通高中建设学校，德化一中综合考虑学校实际，选取击剑作为学校传统特色体育培育项目，后来又陆续增加攀岩、陆上赛艇、轮滑等作为培育项目，经过几年的建设期，这些特色体育项目逐渐受到学校师生群体的欢迎，为学生开展体育运动提供多样化选择。

（1）组建专业的教师队伍。为更加适应特色体育项目的教学需要，让未来能够更长久稳定地开展活动，学校除外聘体校专业的击剑、攀岩教练员外，还先后选派两名体育教师参加攀岩运动项目教练员培训并考取国家初级攀岩社会指导员证书，选派一名体育教师在击剑项目上跟随专业教练进行训练培训，这些工作都为学校特色体育项目的后续长效开展奠定有力的基础。

（2）提供场地和设备保障。学校在原有的体育馆（内设有篮球馆、乒乓球馆和标准的室内恒温游泳馆），配有标准400米塑胶跑道的田径场，配有多个塑胶篮球场、排球场、乒乓球场等基础体育设施的基础上，在省示范高中建设阶段，投入大量资金，先后完成16米高攀岩墙、配有3个赛道的击剑馆、陆上赛艇场所、轮滑等硬件设施建设以及专业器械的购买，有效保障了各项体育活动的顺利开展，有力促进了学校体育教育事业的积极发展。

（3）提供多样且有效平台。学校为确保特色体育项目在学生群体中开花结果，提供各种载体和平台，有力推动特色体育项目在校园内的普及推广。学校以开展社团活动、项目体验落实学生的普遍参与，以组建专项运动队实现精英教学等方式，积极推动击剑、攀岩、陆上赛艇、轮滑等特色体育项目在学生群体中落地生根，大大激发了学生对体育的热爱和潜力。

图 5-11

击剑队参加在我校举行的"2021年福建省示范性普通高中建设学校第三届击剑展示活动"

图 5-12

攀岩队参加在我校举行的"2022年福建省示范性普通高中建设学校攀岩展示活动"

（二）以美育人，陶冶情操

1. 学科渗透，精准教学

学校立足校本实际，以学生习惯养成、个性发展、特长培养为切入点，坚持艺术课与文化课并重，全面提高学生的艺术修养和审美素质，力争做到以艺辅德、以艺益智、以艺修身。学校成立以校长为组长的美育工作领导小组，形成教务处总负责，学生处、总务处、办公室等协同配合，音乐、美术教师各司其职的模式，实现全校"一盘棋"，共同推进美育的深入实施。

（1）全面落实大美育理念。学校在教育教学过程中认真抓好艺术教育，一方面加强艺术教育的常规管理，按课程标准和规定的教材进行教学，开齐开足艺术欣赏课，保质保量完成美术、音乐等学科教学任务；同时，主动强化美育的渗透与融合，将美育贯穿在学校教育的全过程、各方面，既加强美育与德育、智育、体育的融合，又与各学科教学和社会实践活动相结合，挖掘不同学科所蕴涵的丰富美育资源，充分发挥基础学科中的美育价值。在实践操作中，以学科教学为轴心，对课程内容进行优化组合，渗透到所有学科教学中，广泛开设内容丰富、形式多样的艺术活动课。如语文课开展对诗歌、散文、小说、剧本的欣赏，数学课开展数理公式与几何图形的奥秘探索，英语课开展对英文诗、英文歌、英文剧集的欣赏等，全学科渗透，引导学生学会感受美、欣赏美、表达美，形成对美的追求。

（2）强化艺术学科的融合。在以音乐、美术为主的学校传统艺术教育格局的基础上，强化艺术本身的丰富性和联系性，让学生在音乐、美术、舞蹈、陶艺等诸多艺术门类的有机联系中充分感受到多种艺术的交流、碰撞和互补，促进听觉、视觉、形体、言语四大能力的发展，获得更加丰富的审美体验和艺术感悟。其中，音乐与语文之间的融合可以实现艺术和文学的融合，如在音乐课上介绍古琴曲《西出阳关无故人》，可以引入《送元二使安西》的诗句，使学生在情感共情中丰富情感体验，形成有效的美育效果。在课本剧比赛中，让学生在以戏剧的形式表现自我的过程中，既能使学生充分感受课本中蕴藏着的品质内涵，还能有效提升审美能力，启发学生想象和感悟，促进其思维品质的提升，更加高效地实现美育目标。

（3）用活地域特色好资源。学校所在的德化县是中国三大古瓷都之一，有"世界陶瓷之都"的美誉，学校在进行美育教育过程中，充分利用地域内浓厚的陶瓷艺术积淀和丰厚的陶瓷文化底蕴，将教育教学与推进地方陶瓷艺术发展相融合，聘请了多位陶瓷艺术大师进校园开设"陶瓷鉴赏""陶瓷雕塑""瓷花艺术""陶瓷绘画"等陶瓷艺术类选修课，还开发了一系列相应的校本课程，引导学生在陶瓷文化选修课中感受陶瓷之美，在陶瓷劳动实践中尝试创作陶瓷之美，在互动交流之中能够推介陶瓷之美，在一系列的活动中完成美育教育，并提升学生的家乡归属感和文化自豪感。

图 5-13

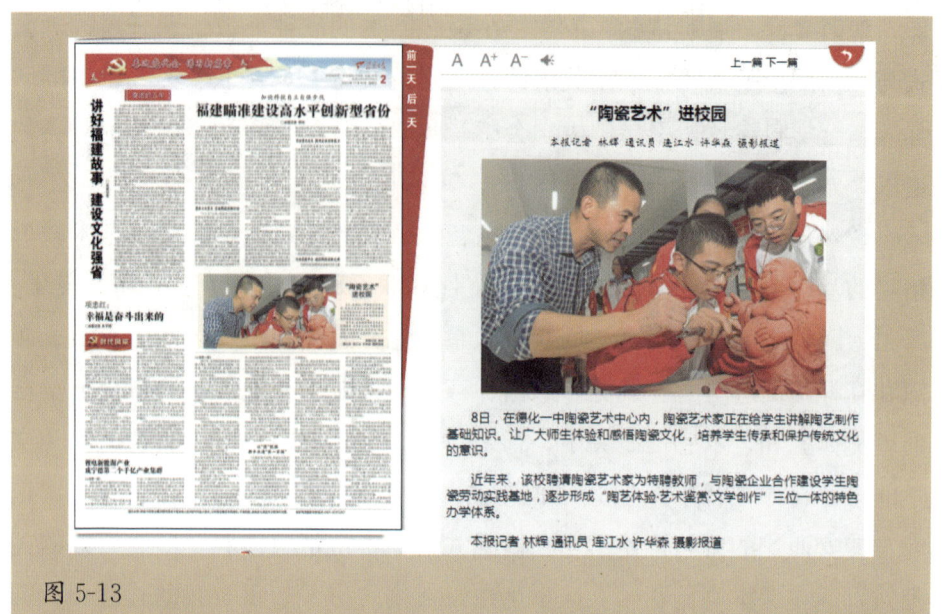

2021年11月10日,《福建日报》第二版"喜迎党代会,谱写新篇章"专题版面中,以《"陶瓷艺术"进校园》为题关注德化一中办学特色

图 5-14　陶瓷艺术校本课程

2. 以美展能,"艺"彩纷呈

近年来,学校立足以"美育为幸福人生奠基"为主题,着力培养学生"欣赏美、表达美、感受美、创造美"的能力,搭建各种活动平台,吸引学生主动参加、乐于参加,在活动中引领学生体味"美好生活"的愉悦与

和谐。

(1) 学生社团撒播美育种子。为提供让学生表现美、展现美、传播美的活动舞台，学校组建了绘画社、书法社、音乐社、吉他社、读书社、广播社等类型多样的"社会文化""文娱艺术"类学生社团，并依托各学生社团不同的培育内容，适时分类开展"校园十佳歌手""班级歌咏比赛""经典诵读比赛""课本剧比赛""书画摄影展"等丰富多彩的社团活动，定期展出学生美术、书法、陶瓷等艺术作品，实现美育第一课堂和第二课堂的有机结合，将美育的普及性与专业性相结合，让学生在春风化雨、耳濡目染中接受美的熏陶和感召。

图 5-15 社团文化节为学生搭建张扬青春个性、展示艺术才能的舞台

图 5-16 校园吉他比赛

图 5-17 经典诵读比赛

(2) 特色"两节"提供专项舞台。为凸显"校园文学"与"陶瓷艺术"办学特色，落实以文学之美陶冶情操，以陶瓷之美培育家国情怀，自2020年起，学校分别在春季学期开展"陶瓷艺术节"，在秋季学期开展"校园文学节"，以班级为单位组织学生广泛参加，充分利用校园艺术教育设施，鼓励学生亲身体验、勇于实践，为学生搭好美育实践平台，丰富学生的想象力和创造力，让越来越多的学生参与到特色美育活动中，在校园营造浓郁的特色艺术氛围。

图5-18

　　庆祝中国共产党成立100周年"传承红色基因　唱响时代赞歌"合唱比赛

3. 内外联动，提质增效

为充分挖掘学校和社会在美育方面的积极合力，学校一方面在校园美育环境建设上下功夫，另一方面积极借助社会力量，丰富学生接受美育的内容和载体。

(1) 打造校园温馨美育环境。学校抓住陶瓷艺术特色办学为校园美育环境建设切入点，在办公楼、教学楼楼道中悬挂陶瓷制作的名人名言瓷板雕塑，既以名言陶冶学生情操，又以瓷板雕塑传递陶瓷之美。此外，建设"德化一中陶瓷艺术中心"，中心中馆藏60余位国家级、省级等各级各类陶瓷艺术大师捐赠的艺术珍品，既是学生开展美育教育和进行作品创作的交流平台，更是学校对外交流展示地域特色的重要窗口。组织开展"最美班级""最美宿舍"评选活动，打造温馨和谐、特色鲜明的校园环境文化，提升班级、宿舍良好环境风貌，达到环境的美育功效。

（2）挖掘社会丰富美育资源。为充分挖掘地域内丰富的美育资源，发挥学校与社会多样化美育合力，学校经过多方联系，把县陶瓷博物馆、陶瓷工厂、陶瓷艺术大师工作室等场所作为学生开展美育活动的重要场所，由外聘陶瓷艺术大师组、学校美术组、语文组等教师组织学生进行参观，在参观交流中储备美学知识，学会如何发现与欣赏美。以"野草叶"文学社为载体，组织各班开展陶瓷艺术作品文学采风活动，要求学生在现场参观后尝试进行作品赏评撰写，将"陶瓷艺术"和"校园文学"办学特色进行有机融合，成功引导学生学会如何表达对美的赞赏，该项活动还得到了受访单位的高度肯定。

（3）扩大学校美育辐射范围。学校利用德化一中陶瓷艺术中心完备的陶瓷制作、手拉坯、瓷板画制作的场所和设备优势，争取到各级各类的学生陶瓷艺术创作比赛的举办权，既积累了举办陶瓷艺术创作比赛的经验，又丰富了学校师生进行陶瓷艺术创作的想象力和思维方式。2020年8月，学校还成功举办了首届"瓷韵·文学之旅"研学夏令营活动，该项活动吸引省内20余所学校的师生参加，他们在世界陶瓷之都共同感受陶瓷文化的艺术魅力，通过活动提升艺术审美素养，挖掘文学创作潜质，厚植师生家国情怀，有效扩大了学校特色美育的示范辐射影响。

（三）以劳育人，锤炼品格

2020年3月，中共中央、国务院颁布的《关于全面加强新时代大中小学劳动教育的意见》指出，劳动教育是中国特色社会主义教育制度的重要内容，直接决定社会主义建设者和接班人的劳动精神面貌、劳动价值取向和劳动技能水平。学校围绕立德树人根本任务，结合高中校劳动教育实际，打造具有学校特色的劳动教育课程，培养学生追求卓越、精益求精的工匠精神，树立正确的劳动价值观。

1. 挖掘学校劳动教育经验点

为确保劳动教育的实效性，学校根据上级有关文件精神，针对学校实际和学生需求展开学校劳动教育规划实施的调研，以"劳动教育'三进'活动"（以"劳动教育进学校"发挥学校在劳动教育的主导作用，以"劳动教育进家庭"发挥家庭在劳动教育中的基础作用，以"劳动教育进社区"发挥社会在劳动教育中的支持作用）为载体，实施劳动教育，打造劳动教育全覆盖网络，并充分挖掘德化陶瓷产业优势，将陶瓷艺术创作与劳动教育有机结合，打造陶瓷艺术特色劳动教育课程。

2. 建立学校劳动教育大系统

为确保劳动教育的针对性，学校综合梳理劳动教育内容，确定了学校劳动教育的四个方向，即"日常生活劳动""生产性劳动""服务性劳动"和"主题式劳动"。

（1）日常生活劳动。在日常学习生活中广泛开展常态化生活劳动教育。将学校划分成不同的区域环境，组织学生开展校园卫生、教室清洁、文明寝室建设等劳动锻炼，要求学生在家庭中主动分担家务劳动，促成学生掌握日常生活劳动技能和形成良好行为习惯，助力校园文明建设。

图 5-19
学生参与家庭劳动

图 5-20
学生在打扫教室卫生

图 5-21
学生在校园内清除杂草

（2）生产性劳动。因地制宜规划种植园地，每班认领责任田，组织学生开展种植活动；依托学校陶瓷艺术中心、陶瓷实践基地等场所，分批开展陶瓷创作实践劳动；在开展职业体验的过程中，组织学生深入中国农业银行、消防大队、玻璃制造厂、英山芹峰淮山文创园、东际番茄种植产业园、美娇花卉种植园等场所，增加学生的劳动体验和与一线工人的交流，促使学生逐步形成勤俭、奋斗、创新、奉献的劳动精神。

图 5-22 学生在校内种植园进行劳动实践

图 5-23 学生到德化农行开展职业体验

图 5-24 学生到消防大队开展职业体验

（3）服务性劳动。组织学生开展校园服务类和社区服务类劳动教育，在校园内设置图书管理员、教师休息室保洁员、食堂服务员、校门守护者、志愿服务活动者等服务性岗位。与社区合作组织开展志愿活动、敬老服务、爱心活动、文明创城等服务性活动，让学生在服务过程中培养责任意识，形成最光荣、最崇高、最伟大、最美丽的劳动观，磨练意志，收获成长。

图 5-25 学生到乡村开展敬老服务

图 5-26 学生进社区开展志愿活动

（4）主题式劳动。以"我们的节日"活动为依托，组织学生开展主题式劳动教育，如在端午节开展"一中祝福，一粽传情"包粽子主题活动，预祝高三学子高"粽"金榜；在元旦节开展"我为家人做顿饭"主题活动，在五一劳动节开展"今天家务我包干"主题活动，拉近学生和家长的亲情关系；在班级开展"美食节"活动，由学生在班级展示并分享自己动手制作的美食，加强同学间的互动交流；在植树节开展植树活动，以班级为单位进行校园绿化认养，在共同养护过程中，增强班级学生凝聚力；在高考前夕，组织开展"'瓷绘祝福·赋能心高考'瓷画现场创作活动"，以瓷绘活动为高三学子减压赋能。

图 5-27

学生在端午节开展"一中祝福，一粽传情"包粽子主题活动

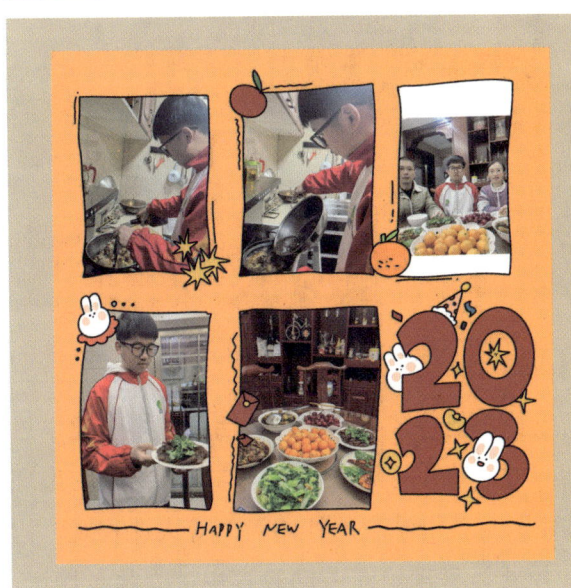

图 5-28

学生在元旦节开展"我为家人做顿饭"主题活动

3. 追求学校劳动教育多元性

为追求劳动教育的多元性，学校除开展劳动教育实践活动外，还开设了十多门富有特色的劳动教育选修课程，如"简易棒针教程""十字绣技巧""家庭绿植的日常养护"等强调劳动实践的课程，"植物私生活""生活中的物理""食品营养与健康""化学与生活""中国茶文化"等注重理论指导的课程，"高中科技创新与陶瓷""陶瓷雕塑与装饰""瓷花艺术"等涉及陶瓷劳动实践的课程，为学校劳动教育的开发与建设提供了理论支撑和实践导向，推动了学校劳动教育的科学、有序、长效、高效开展。

图 5-29　学生在进行瓷花创作

图 5-30　学生在进行手工制作

4. 坚持学校劳动教育学科化

学校积极探索劳动教育新路径，坚持"融合化、生活化、全员化"思想，立足在课程中育人，探索与史地结合的陶瓷文化，与学科结合的地理生物园，与语文结合的校园文学，与英语结合的社团活动等大课程观，构建了"学科＋"的劳动教育新模式，呈现出在劳动教育中"立德、培智、促体、育美、尚劳"的五育并举新气象，塑造学生的劳动品格，提升学生的劳动能力，培养学生的劳动精神。学校还邀请劳动模范、道德模范、岗位标兵等行业精英走进学校"学科+"课堂，参与实践互动，开展事迹宣讲，弘扬热爱劳动、敬业奉献的工匠精神。

二、体美劳育精准发力，成效明显

（一）传统体育屡获佳绩

学校体育传统历史悠久，曾被省体育运动委员会、省教育厅、团省委确认为"体育传统学校"；获评泉州市全民健身"十佳学校""泉州市中小学体育工作先进单位""全国青少年校园冰雪运动特色学校"等荣誉称号。学校 2012 届学生陈牡丹在 2012 年 6 月以 6.18 米、13.67 米的成绩分别获得第 15 届亚洲青年田径锦标赛女子跳远、三级跳远两项冠军。

（二）特色体育初显成效

学校击剑队先后获得"省示范高中击剑展示活动"团体一等奖 2 次，团体二等奖 1 次，团体三等奖 1 次；2021 年组建的攀岩队、路上赛艇队也均先后在省示范高中相应项目展示活动中获得团体三等奖 2 次，其中攀岩项目更成为高三学子在冲刺高考阶段的心理减压重要项目，不仅受到学生的高度欢迎，也成为学校教师团建活动的热门项目。

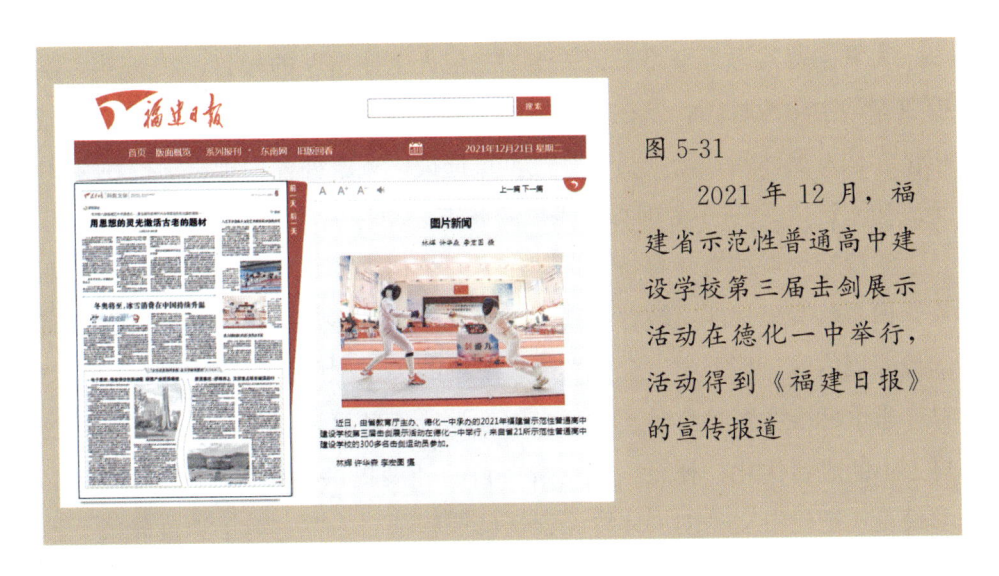

图 5-31

2021 年 12 月，福建省示范性普通高中建设学校第三届击剑展示活动在德化一中举行，活动得到《福建日报》的宣传报道

图 5-32

学校荣获福建省示范性普通高中建设学校第三届击剑比赛团体一等奖

（三）美育劳育形成示范

学校充分挖掘德化陶瓷产业深厚文化底蕴，结合高中校美育和劳动教育实际，将陶瓷艺术创作与学校美育和劳动教育有机结合，引导学生感受美、欣赏美、表达美、传播美，培养学生建立追求卓越、精益求精的工匠精神，养成正确的劳动观和良好的劳动习惯，其成果《丰盈陶瓷实践 培育工匠精神》项目入选"福建省教育厅第三批中小学劳动实践特色项目"。

三、五育融合统筹兼顾，取得突破

（一）轮滑运动，滑出精彩

为贯彻落实习近平总书记关于"三亿人上冰雪"的号召，2020年，学校成立学生轮滑社团，以在学生群体中开展轮滑运动的形式，在南方县城积极尝试发展冰雪运动项目。经过重重选拔，克服种种困难，学校在2021年成功入选"2020年全国青少年校园冰雪运动特色学校"。

学校把开展冰雪体育特色运动作为立德树人的重要载体，普及奥林匹克知识，落实奥林匹克教育计划。入选校园冰雪运动特色学校后，为丰富学校课程内容，培养学生全面发展，学校购买了国际竞赛标准越野滑轮器材、学生标准竞赛轮滑鞋、教师专用教学轮滑鞋等，每年还在冰雪项目器材上不断进行优化、补充，为轮滑项目的开展提供器材保障。2021年起，学校正式把轮滑运动纳入体育课程选修课程项目，并进行了速度轮滑、速度过桩、越野滑轮等轮滑项目的细分。教师向学生普及冰雪运动知识，培养学生的冰雪运动兴趣，让学生体验冰雪运动快乐。通过师生的共同努力，学校轮滑队在"2022年泉州市第一届冰雪轮滑锦标赛暨泉州市首届'冰雪特色校'冰雪轮滑公开赛"中获得初高中组团体总分第一名的好成绩。

图5-33 学校入选"2020年全国青少年校园冰雪运动特色学校"

图5-34 2022年荣获泉州市首届"冰雪特色校"冰雪轮滑公开赛初高中组团体总分第一名

（二）美育劳育，双向融通

美是人的本质对象化的结果，而劳动是人的本质对象化的过程。美育与劳动教育的融通是实现全面发展教育的内在要求，是新时代教育变革的必然趋势。在此基础上，学校充分挖掘德化陶瓷产业深厚文化底蕴，结合高中校美育和劳动教育实际，将陶瓷艺术创作与学校美育和劳动教育有机融合，让学生爱上劳动、感恩劳动、提高自我创造能力和审美能力，引导学生树立追求美好生活的理想。

1. 具体措施

（1）加强硬件投入，改善陶瓷创作环境。学校于2018年对原有的2间陶瓷艺术教室进行装修，为手拉坯、瓷板（盘）画、瓷花、瓷塑陶瓷劳动实践项目提供活动场所。2020年为改善陶瓷创作环境，学校投入200余万元，建设完成约600平方米的"德化一中陶瓷艺术中心"，中心内有陶瓷精品展览区、陶瓷体验区（手拉坯制作、陶瓷绘画和泥塑制作）和科技陶瓷区三大区域，既有对陶瓷工艺流程的知识科普，也可以亲身体验陶瓷创作，更可以集中欣赏德化陶瓷大师的艺术珍品，获得美的感受，为学校陶瓷美育和劳动教育的积极开展提供有力的硬件支持。

图 5-35

"陶瓷艺术中心"揭牌

图 5-36

在陶瓷艺术作品捐赠仪式上，60余位陶瓷艺术大师向学校捐赠陶瓷作品，捐赠的作品收藏于陶瓷艺术中心。其中，中国工艺美术大师、中国陶瓷艺术大师、国家非遗传承人陈明良作为捐赠代表发言

图 5-37

陶瓷艺术中心大师作品展示区

(2) 外聘陶瓷大师，引入社会专业力量。学校于 2020 年 6 月聘请 11 位陶瓷艺术大师担任陶瓷特色劳动教育实践课程专任教师，开展"陶瓷雕塑""陶瓷绘画""瓷花艺术"等陶瓷艺术欣赏和陶艺特色劳动教育实践课程。通过走近国家级、省级工艺大师，感受追求卓越、精益求精的工匠精神，学校让一中学子在课程实践中，达成美育和劳动教育目的。

图 5-38

学校特聘教师、福建省工艺美术大师、福建省陶瓷艺术大师郑燕婷在"陶瓷艺术节——瓷花创作比赛"前进行规则说明

(3) 加强美育和劳动教育科研，推动实践活动开展。学校先后开展县级课题"德化陶瓷艺术在高中校园的传承与发展研究"，福建省基础教育课程教学研究课题"以'陶瓷艺术＋校园文学'为载体推进美育的实践探索"，福建省教育科学"十四五"规划（2022 年度）专项课题"以陶瓷艺术活动推进高中劳动课程本土化实施的实践探索"等，积极探索高中教育阶段开展陶瓷美育和劳动教育的实现途径并形成理论总结，在陶瓷劳动实践中不仅提升学生陶瓷艺术创作及欣赏水平，还在理论支持下，形成了系列陶瓷特色劳动教育实践校本课程，既丰富了学校美育、劳动教育课程资源，完善了美育和劳动教育体系，又为瓷都德化陶瓷艺术文化传承与发展做出积极的贡献。

(4) 深入生产一线，切实开展劳动实践。学校与县域内三家知名陶瓷企业合作，在"臻峰文创园""顺美陶瓷文化生活馆""如瓷生活文化馆"挂牌设立"德化一中学生陶瓷实践基地"，利用企业的生产线，为学生提供劳动教育实践与体验活动场所。学校每年组织高一年级、高二年级全体学生进入实践基地参观体验，让学生通过亲身劳动，加深对德化陶瓷传统技艺的认识，增强对家乡文化的自信与热爱，同时在劳动中感受劳动成果来之不易，真正将立德树人与劳动意识有机结合，重塑劳动观、价值观。

图 5-39

学生到劳动实践基地——臻峰文创园体验陶瓷创作

（5）陶瓷艺术节，推动陶瓷文化传承。2020年以来，为彰显"陶瓷艺术"办学特色，提升我校学子对陶瓷文化的认知，营造良好陶瓷文化艺术氛围，学校以"陶风瓷韵·丰盈人生"为主题，连续开展三届陶瓷艺术节系列活动，邀请多位陶瓷艺术大师、大学教授、文博研究员等专家，到校开设"浅谈德化瓷雕的传承与发展""'主要看气质'——德化陶瓷欣赏""走进中国白""数字技术及其在德化白瓷制作中的应用"等陶瓷艺术与实践系列讲座；邀请赖连城、卢美彬、郑燕婷等三位陶瓷艺术大师到校指导开展陶瓷雕塑、瓷画创作、瓷花创作等现场创作比赛，通过讲座普及、赛事吸引，推动陶瓷文化在学生群体中的传承。

图 5-40

福建省工艺美术大师、国家级非物质文化遗产保护项目（德化瓷烧制技艺）代表性传承人张明贵到学校开设"感受世遗之美，传承工匠精神"专题讲座

(6) 以研学促交流，推广陶瓷办学理念。2020年8月，学校以"相约世界瓷都德化，品读陶瓷艺术文化"为理念，面向全省发出邀约，开展了首届"瓷韵·文学之旅"研学夏令营活动，来自三明一中、惠安一中、漳平一中等20所省内学校的80多名热爱文学的师生汇聚德化一中，零距离感知"海丝"重要名片——"德化陶瓷"的艺术魅力，在青春梦想的碰撞中，为自己的文学创作积累更加丰富的素材和经验。该活动受到《人民日报》（海外版）、《泉州晚报》数字报、新浪新闻、东南网等多家媒体关注和报道。

图 5-41
"瓷韵·文学之旅"研学夏令营开营仪式

2. 取得成效

经过多年的陶瓷劳动教育实践，学校初步形成具有鲜明校本特色的劳动实践工作体系，项目建设的阶段性成效如下：

（1）建成陶瓷艺术中心，开展各级大型陶瓷创作活动。2021年5月学校建成陶瓷艺术中心，不仅在校内提供了优良的陶瓷劳动教育场所，中心还收藏了60余位陶瓷艺术大师捐赠的个人陶瓷珍品，这些大师创作的陶瓷珍品不仅成为学生直观感受劳动创作之美的载体，还为学生尝试陶瓷艺术创作提供了丰厚的教学资源。陶瓷艺术中心建成后，还多次成功承办德化县中小学生陶瓷艺术现场创作比赛、"银凯杯"陶瓷艺术创作比赛等活动。2022年5月，陶瓷艺术中心被德化县教育局确认为"德化县中小学生陶瓷艺术交流中心"，为学校进一步推动陶瓷艺术美育教育和陶瓷劳动教育实践奠定了坚实基础。

（2）打造大师级师资团队，构建完整的陶瓷劳动课程体系。为充分发挥地域优势，鼓励专业艺术人才参与中学美育和劳动教育，2020年，学校聘请了郑燕婷、张南章、林建胜等11位陶瓷艺术大师为学校陶瓷特色劳动教育实践课程专任教师到校讲学，现已形成"陶瓷鉴赏""陶瓷劳动实践"2门必修课，"陶瓷雕塑""陶瓷绘画""瓷花艺术""生物与陶瓷""陶瓷中的化学""陶艺制作与装饰""陶瓷技术与科技创新""陶瓷出口初级英语"等8门选修课，成为学校陶瓷美育和劳动教育实践课程的重要组成部分。

（3）加大校本教材的开发，助力学校陶瓷劳动教育实践。学校鼓励教师边实践边开发陶瓷艺术与劳动实践相结合的校本教材。沿着成熟一项开发一册的思路，不断开展陶艺系列选修校本教材研发工作，目前已形成《国宝传奇》《德化白瓷鉴赏》《陶艺的基本创作方法》《德化陶瓷概论》等一系列陶艺特色劳动教育实践课程校本教材，不仅丰富了美育和劳动教育课程资源，也为学校开展更多样、更有针对性的双育融合工作提供了积极助力。

（4）稳步推进陶瓷劳动实践，培育精益求精的工匠精神。学校持续开设的陶瓷艺术选修课程，组织开展的各种类型的陶艺现场制作比赛，每年开展"陶瓷艺术节""陶瓷劳动实践周"活动。这些丰富多样的陶瓷劳动教育活动，有效激发了学生艺术创作灵感，先后有136名学生在县、市级以上陶艺比赛中获奖，10余位同学先后被中央美术学院、中国美术学院、四川美院、南京艺术学院等知名艺术院校录取，近年来更是有一大批一中校友成长为国家级、省级陶瓷艺术大师。

（5）凝聚陶瓷劳动教育成果，编撰陶瓷艺术办学特色丛书。学校总结历年来的陶瓷劳动教育实践，于2020年起开展编撰校本办学特色系列丛书——《瓷语》《学瓷》《瓷艺星光灿烂》《首届"瓷韵·文学之旅"研学夏令营活动》等，记录陶瓷选修课、研究性学习、研学旅行活动、陶瓷劳动实践、生涯规划教育等活动的点滴感受，努力贯彻德智体美劳全面发展，彰显五育并举教育理念。

四、区分情况理清思路，纵深推进

(一) 紧扣教育现代化目标，完善"五育并举"教育体系

围绕"增强学生的综合素质，树立健康第一"的教育理念，全面强化学校体育工作，加强和改进学校美育建设，弘扬劳动精神，强化实践动手能力、合作能力、创新能力的培养，突出体育美育和劳动教育学科的实践性、协作性、创新性，为进一步完善德智体美劳全面培养体系发挥重要的支撑作用。

(二) 加大特色体育推广力度，提升学校体育教育的质量

加大学校特色体育项目击剑、攀岩、轮滑、陆上赛艇等师资队伍的培养力度，同时积极搭建各种平台开展相关训练与比赛，让特色体育运动在校园内开枝散叶，为学生主动进行体育锻炼提供更多的选择。

(三) 加强对外文化艺术交流，不断提升学校的办学品位

充分挖掘如红色基因、文史经典和陶瓷艺术等蕴含的美，深入开展校园文化品牌活动，营造格调高雅、富有美感、充满朝气的校园文化氛围。积极组织师生参与观展、赏乐、参演、参赛、培训、体验等教学及各级各类实践交流活动，提高艺术实践的趣味性和感染力，激发学生参与的积极性和主动性，不断提升学校的办学品位。

(四) 搭建学生创作平台，培育美育能力和陶瓷工匠精神

充分发挥大师级陶瓷劳动教育师资团队的力量，努力培养一批具有较高创作水平的学生陶瓷艺术爱好者，在大师的引领下创作出一批较高质量、较高水平的陶瓷作品；通过学生社团"陶瓷艺术社"将陶瓷劳动创作

实践打造成学生社团品牌文化活动，让陶瓷艺术工匠精神在一代又一代学子中薪火相传，接力发展。

（五）深入开展以研促教，推进双育融合课程体系不断完善

学校申报的福建省基础教育课程教学研究课题"以'陶瓷艺术＋校园文学'为载体推进美育的实践探索"已顺利结题，而学校在陶瓷艺术美育和陶瓷劳动实践教育上还有很多工作有待完善，如何在校园文化中培植更深厚的陶瓷特色文化，提升学生陶瓷艺术创作及欣赏水平，如何在陶瓷劳动实践中完善陶瓷劳动课程体系等问题，都亟需更进一步、更深一层次思考。为此，学校将持续推进课题研究，在实践中不断完善陶瓷劳动教育课程体系。

第六章

承担改革任务　积极实践有"力度"

党的二十大以来，习近平总书记就教育改革发展提出一系列新思想新观点，要求持续深化教育领域综合改革，不断增强教育发展的动力和活力，不断激发广大师生员工的创新创造活力，加快推进教育高质量发展，加快建设教育强国，办好人民满意的教育。

学校历来坚持"科研兴校、科研强师、科研促特色"的改革发展理念，民国时期，学校就成立教育研究会，由专人负责；定期召开校务会议，商讨、改进教育教学方法。1958年，设立"德化一中资料室"，负责复习提纲和考试试卷的收集与整理。20世纪80年代，以教研组为单位，实施"单元过关"教学改革。20世纪90年代以后，实施"素质教育"，促进学生德、智、体、美、劳全面发展；开展"指导——自主学习""张思忠教学法""五年跟踪教学法"等教学改革实验。2002年，成立教科室，推动课题研究，促进教师专业成长。2005年以后，德化县高中校际教研中心依托学校师资，开展县际高中教研、帮扶薄弱学校等活动；加强与省内名校交流与合作；成立高考信息收集中心，组建命题团队；开展"优秀教育科研成果报告会""教育论坛""凤凰讲堂"等活动。

近年来，学校以被福建省教育科学研究所授予"福建省教育科研基地"为契机，将教育科研作为学校探索实践教育教学改革的重要抓手，促进教师专业化成长，推动学校特色文化构建、教育信息化建设、校本课程建设及教育科研成果呈现，扩大辐射范围，统筹推进学校教育教学改革工作，促进学校高质量发展、可持续发展。

图 6-1

2020 年 9 月，学校被授予"福建省教育科研基地"

一、改革任务抓在日常，有序推进

（一）以教育科研培育改革探索内涵

学校从教育教学实践出发，强化教育科研对日常教育教学所遇到的实际问题、发展需要的总结提炼，重视研究的传承与发展，对有价值的教育教学科研课题不断挖掘、开拓，以教育教学科研课题的研究成果指导学校教育教学改革探索，确保改革取得实效，形成具有学校特色的以教育科研为基石的教育教学改革探索内涵。

1. 修订完善教育科研管理制度，提供科研制度保障

规范管理是学校推进教育科研的首要工作。学校早在 2004 年就制定了《德化一中教育科学研究课题管理办法》，并进行了两次修订，进一步补充完善教育科研管理制度。2020 年 9 月，完成了最新一次修订。管理办法的制定，对教育科研在教师年度考核及职称评聘的赋分应用方面做出了明确细致的规定。另外，学校制定了《德化一中教育科研成果奖励方案》《关于认定和奖励教职员工发表核心刊物论文及专著的通知》《关于更改教育科研论文奖励范围及标准的通知》等相关制度，明确了学校教师参与教育科研的方向，为学校组织教育教学科研的开展提供了有效的制度保障及激励依据，极大地激发了教师参与教育科研和进行有效研究的热情。

2. 坚持课题源自教育教学实践，增强科研兴教效果

课题研究源自教育教学实践是学校教育科研的优良传统。1998 年学校

加入教育教学科研课题研究行列，由梁紫源老师负责的"成就感目标作文教学"（1998－2001，市级）是学校第一个教育科研课题，该课题来源于梁老师平时作文教学的点滴感悟，非常接地气。此后，从教育教学实践需要出发提炼教育科研课题逐渐成为学校课题研究坚持的理念，教育教学的实践需要成为学校教育科研的源泉，并逐渐形成"教为研源，真研促教"的教育科研宗旨。

"深处种菱浅种稻，不深不浅种荷花"，合适的才是最好的，学校教育科研来源于教育教学实践又服务于教育教学，对学校的教育教学改革工作产生积极的促进作用，极大增强了"科研兴校"的可行性与有效性。例如，与校园文学有关的系列课题研究，在学生中形成"好写、会写、乐写"的良好写作风气，潜移默化中提升了学校作文与阅读教学效果；智慧校园系列课题研究，在教师队伍中培养了一大批娴熟应用现代教育技术的中青年教师，通过以研促教的形式促进了课堂教学与信息技术深度融合的进程；陶瓷艺术相关课题的研究，带动了学生选修陶艺校本课程的良好风气，在校园内形成了一股陶艺热，对学校学生的劳动素养、审美素养等的培育有着很大的促进作用。

图6-2　2022年10月，中小学智慧教育平台网络空间应用培训会

3. 重视课题研究的传承与发展，积淀教育科研底蕴

坚持课题研究的传承与发展是学校教育科研永葆活力的源泉。学校在深耕课题研究中，对有助于教育教学改革发展的课题，必然进行再挖掘、再深研，正因为这种教育科研的传承、发展与不断积淀，奠定了学校教育科研的深厚底蕴。例如，自梁紫源老师负责的"成就感目标作文教学"开始，学校语文组的课题研究大多都围绕"校园文学"这一主题开展，积淀了深厚的"校园文学"底蕴。再如，由徐建新老师负责的"德化陶瓷艺术在高中校园传承与发展研究"等陶瓷艺术系列课题的研究强势催生了校园陶艺热。又如，自徐高挺老师负责的"超级画板环境下的数学探究与实验"开始到现在的"智慧教育环境下山区高中教师专业化成长的探索与实践""常用数学软件环境下的高中数学实验研究"等一系列以智慧教育、现代教育技术为背景的课题研究，为学校教师适应智慧教育、深度融合现代教育技术打下了坚实的基本功。又如自吴志鹏老师负责的"高中数学教材的'二次开发'"开始的有关教材再开发再利用的系列课题，引发了学校教师对教材、课标的深度阅读、理解和思考……一个有价值的课题被研究之后，相关教研组的老师们都会认真组织对该课题的研究情况进行再思考、再整理，进一步挖掘新的研究方向，提炼出新的研究主题，使这些有价值的课题焕发更强大的生命力，更好地为教育教学服务，为学校教育教学改革的实现提供有效路径。

图 6-3

2023 年 3 月，省级课题"德化陶瓷艺术在高中校园传承与发展"课题组成员在进行讨论

4. 规范科研课题线上线下管理，保障科研过程落实

实施科研课题"线上＋线下"双线管理是规范学校教育科研的重要举措。2002年8月，学校为加强对教育教学科研工作的管理，成立了学校教科室，开始了学校教育科研规范化管理之路。《德化一中教育科学研究课题管理办法》等制度、方案的制定与完善，为学校教育教学科研管理提供了制度保障。2010年，学校开通了"德化一中教育科研网"，开启了学校教育科研线上、线下规范化管理时代。2020年初"德化一中教育科研网"整合进"德化一中校园网"，使得学校教育教学科研线上管理更加安全、规范。

自此，学校教育科研课题从立项到结题都落实线上、线下规范化管理，如在学校校园网站平台设有"教育科研"专栏，获得各级各类立项的课题均要求在专栏下建立相应课题栏目，要求负责人每学期根据相关要求及时上传研究资料、活动简讯等，并将相应纸质资料放入专门设置的课题档案盒中，进行归档管理。教科室每学期定期对课题研究资料上传和缴交情况进行核对检查，发现未如期完成的及时向课题负责人发出通知并要求整改。科学规范的科研课题管理，使学校教育教学科研过程真正落到实处，实现"真"科研。

5. 落实教育科研成果评比奖励，增强科研的成就感

教育科研成果评比奖励的出台是促进学校教育科研的重大保障。为进一步加大教育教学科研工作的力度，学校自2019年起恢复教育科研成果评比活动，奖励教育教学科研取得突出成效的课题组，并将获得一等奖的成果推荐参评县级或更高级别的教育教学成果奖。学校每年举办的教育科研成果报告会，就是评比活动的展示会，由教育科研取得丰硕成果的课题组上台分享教育科研的过程并进行成果提炼，增强了教师参与教育科研的成就感。每一场教育科研成果报告会，都是一场改革实践经验分享培训活动，每一场活动不仅在一定程度上巩固既有课题研究成果，还能在学校内发挥教育科研榜样的示范作用，这对学校教师主动参与教育教学科研和学校教育教学改革起到了很好的激励作用。学校每年还组织进行优秀教研组评比活动，其中，教育科研活动情况是评比的重要指标，这在教研组层面

也有效推动了各学科教育教学科研的落实与发展。

6. 扎实做好教育科研培训工作，提升教师科研水平

扎实做好教育科研培训工作是学校教育科研得以延续的重要途径。教育科研是探索性、开创性的活动，做好相关的培训工作非常必要。学校一贯重视教育科研培训，通过"请进来、走出去"，让老师们接受相应的教育科研培训，积极为教师提升教育科研水平铺路搭桥。学校组织教师参与教育科研培训的途径也是多样化的。其一是利用一些重要的教育科研活动，邀请专家做讲座，例如在2020年9月"福建省教育科研基地"授牌仪式后，省教科所基础教育研究室主任郭少榕应邀为全体教师作了题为"从'工匠型教师'走向'智慧型教师'——教师的课题实施与成果提炼"的讲座；2020年11月，在学校省级规划课题统一开题论证会上，省教科所《教育评论》执行主编、副编审钟建林应邀为全体教师作题为"论文选题的心法、方法和技法"的讲座。其二是积极组织教师参加上级主管部门组织的教育科研主题培训。其三是组织校本培训，学校每年召开一次教育科研专题会，会上都安排经验丰富的老师或邀请专家开设教育科研讲座，每学期初的预备周都要以教研组为单位安排校本教研活动，其中教育科研即是研讨的重要内容之一。其四是利用各级各类课题开题论证会、结题总结会等时机，做一些相关的小型培训活动等。

图 6-4
2020年9月，郭少榕研究员在作专题讲座

图 6-5
2023年2月，钟建林博士在作专题讲座

（二）以承担任务打开改革探索外延

1. 积极承办各级教研活动和竞赛，拓宽学校改革视野

积极承办各级教研活动和竞赛是德化一中作为省级示范高中的使命与担当，也是深化改革探索内涵和打开改革探索外延的重要任务。为加强教育教学改革经验的互动交流，进一步开拓教师改革视野，学校积极主动承担各级各类教科研活动和赛事的举办，如"2020年福建省普通高中化学学科新课程新教材省级培训""2021年福建省中学思政学科优质课评审活动"等，帮助学校教师接触先进的教育教学理念和了解不同的教育教学改革思路，为促进学校教育教学改革提供理论储备和经验积累；先后承办"2021年福建省示范性普通高中建设学校击剑展示活动""2022年福建省示范高中攀岩展示活动"等特色体育项目赛事，为学校体育特色项目的有效开展和改革提升提供了良好机遇。

图 6-6

2021年12月，学校承办"福建省示范性普通高中建设学校击剑展示活动"

图 6-7

2022年12月，学校承办"福建省示范高中攀岩展示活动"

2. 主动承担教育教学的改革任务，探索学校改革路径

主动承担教育教学的改革工作是德化一中作为区域优质学校的应尽之责。德化虽然是山区县，但近年来城镇化水平不断加快，全县98%的学生聚集在城区就读，为破解重智育，轻德育，忽视体育、美育、劳动教育的问题，解决教师队伍整体素质不高、活力相对缺乏的问题，学校主动承担山区高中校教育教学改革探索实践任务，加强教育管理、教育方法和教育手段等方面的现代化探索与实践，如参加德化县教育局申报的全国教育信息技术研究专项课题"基于统一平台的县域智慧教育应用环境整体构建研究与实践"，以及省级课题"智慧教育背景下县域中学教师专业化成长的路径研究"，省级课题"教育均衡发展视野下支援薄弱学校教育实践研究"，县级课题"智慧教育环境下山区高中教师专业化成长的探索与实践"，县级课题"教育均衡发展视野下德化县薄弱学校支教研究"等，为德化县探索新型城镇化背景下均衡教育提供参考做法和典型经验，为同类型学校开展教育教学工作带来思考和启迪。

图 6-8

2021年10月，"教育均衡发展视野下德化县薄弱学校支教研究"课题组举行开题论证

二、改革建设积厚成势，成效显著

（一）承担改革任务取得成果

全国教育信息技术研究专项课题"基于统一平台的县域智慧教育应用

环境整体构建研究与实践"顺利结题，研究成果"县域智慧教育大平台的整体构建与应用"获得泉州市基础教育教学成果奖一等奖，不仅为德化县教育局制定县域教育改革措施提供积极助力，还被江西省九江市教育局、江西省抚州市广昌县教育体育局参考和借鉴，形成示范辐射。2022年8月，学校被福建省教育厅确定为"福建中小学智慧教育平台建设与应用试点校"，2022年10月被教育部授予"2021年度网络学习空间应用普及活动优秀学校"。

此外，语文组"'成就感·个性化·审美力'三阶式校园文学发展20年探索与实践"为山区高中校开展校园文学教育提供了参考经验，获得泉州市基础教育成果奖特等奖。数学组"基于数学实验的高中数学教学创新"在高中数学教学改革中取得新的经验，获得泉州市基础教育成果奖一等奖。学生处"立德树人背景下的高中德育导师制实践探索"总结十八年来学校全员德育工作经验，获得德化县基础教育成果奖一等奖，为县域学校开展德育工作提供了重要参考。

（二）助推校园特色文化建设

学校的办学特色是一所学校独有的精神文化，也是区别于其他学校的最大优势所在。学校的办学特色以"校园文学"和"陶瓷艺术"为主要内容，是学校长期坚持、传承和发展所形成的，其中教育教学改革和教育教学科研的助推作用，功不可没。在学校教育教学科研课题研究进程中两类课题表现突出。第一，校园文学类课题。自学校第一个教育科研课题"成就感目标作文教学"的研究开始，语文组教师在校园文学及校园文学社团建设方面的教育科研探索就不断深入，先后有3个国家级（均为中央教科所规划批准立项）、5个省级相关课题落户学校，助推了学校"野草叶"文学社的蓬勃发展，校园文学因而焕发勃勃生机。第二，本土文化类课题。德化是"世界陶瓷之都"，是中国陶瓷文化的发祥地和三大古瓷都之一，同时也是国家级全域旅游区。其中，陶瓷是德化的重要名片。因此学校有关本土文化类的教育科研课题都离不开陶瓷艺术与文化，尤其是由徐建新老师主持的"'五育'背景下德化陶瓷艺术与校园文学融合发展""德化陶瓷艺术在高中校园的传承与发展研究"等课题研究的深入开展，助推了校园陶瓷热，促成了学生陶艺社团的创建，现已有成员76人，2020－2021学年选修陶艺相关校本课程的学生达631人之多。正因为原有深厚的底蕴、独特的地域优势以及富有针对性的教育科研加持，多年积淀形成了学校的办学特色，为学校进行特色办学的教育教学改革尝试提供了有力支持。

（三）成就校本教材等的编印

有改革、有研究就会有成果。近年来，学校共审核出版了校本教材近一百二十册，据不完全统计，有近70%的校本选修教材与教育教学改革和教育科研息息相关，其中至少30%是课题研究的直接成果。例如，陶瓷艺术相关课题的研究，促进了《陶瓷雕塑》《陶瓷英语》《化学与陶瓷工艺》等8种与陶瓷有关的选修教材通过审核并编印，使学校陶瓷艺术教育更加多样化。另外，校园文学系列课题研究催生了《飞扬的个性》《青青野草叶》（第一辑、第二辑）等学生文学作品集，《凤凰山往事》（第一辑、第二辑）、《凤凰山下》等教师文学作品集的出版，为推进校园文学工作和进行改革提供借鉴参考。

（四）增强了地区辐射力影响力

"坚持扎根中国大地办教育"是习近平总书记在全国教育大会上提出的九大坚持之一。学校谨记习总书记的要求，致力发展具有本地特色的学校教育，并将这一特色教育辐射到周边地区。2020年8月，学校主办了首届"'瓷韵·文学之旅'研学夏令营"活动。来自省内20所学校共80余名师生零距离感知"海丝"重要名片"德化陶瓷"的艺术魅力，在青春与陶泥的"碰撞"中丰盈学识、丰富人生，提升艺术审美素养，放飞艺术文创思维。活动彰显了学校特色文化建设理念"让特色文化开出'五朵金花'——以'校园文学'与'陶瓷艺术'为核心内容的校园特色文化建设促进青少年德、智、体、美、劳全面发展"，在省内形成了一定的影响，对学校教育教学改革和教育教学科研工作的创新发展具有深远的意义。

2021年3月，学校分别与厦门双十中学、菲律宾丹辘新民中学缔结为"友好学校"，2022年3月，学校与永春三中签订对口帮扶协议。之前，学校还与宁夏红寺堡第一中学、仙游龙华中学、德化二中、德化三班中学结为长期对口帮扶学校，与漳平一中、永安一中结为教学联盟校。不管是友好学校、结对帮扶学校，还是教学联盟校，教育教学改革与教育教学科研合作都是其中的重要内容。例如，学校"智慧教育环境下山区高中教师专业化成长的探索与实践"课题组与三班中学相应课题组开展了多次的互动研究活动；"数学软件环境下的数学实验研究"课题组经常到德化二中、德化三中等学校开展研讨活动，负责人徐高挺老师先后到厦门双十中学、德化二中、德化三中、德化三班中学等学校开设"GGB环境下的数学实验"主题讲座。

图 6-9

2021年2月，学校与厦门双十中学缔结为"友好学校"

三、信息强师助推改革，优化提升

2019年，学校作为省级示范高中建设学校，成立以校长为组长的改革任务领导小组，主动承担县教育局牵头创建的智慧教育平台改革任务，探索学校在智慧教育背景下加强教育管理、教育方法和教育手段等方面现代化建设的实施路径，承担教育改革任务。

（一）信息化助力教师成长，促进教育改革

教育信息化不仅能够助力教师专业快速成长，更在一定程度上助推教育改革。德化县作为典型的山区县，与先进地区相比，缺乏区位和经济优势，不仅对高层次人才的吸引力不足，而且在接触先进教育教学理念、获取学科最新发展动态等方面渠道相对单一，因而教师专业发展速度普遍较

慢。近年来，教育信息化成为教师队伍快速发展的一个重要手段，帮助学校突破地区的限制，助力教师快速成长。在德化县教育主管部门的牵头下，德化一中积极承担智慧教育平台建设任务，该平台向上实现与国家、省市各级各类信息系统数据的互用对接，向下实现所有学校各种基础数据的共建共享，成为德化县教师专业化成长的一个重要平台。智慧教育平台上由德化一中主导建立的"德化县教师研修发展平台"，为德化县教师的专业成长提供了不竭的源泉，教师在其中不仅能学习大量名师的优质课程，阅读海量期刊资源，还能自主选择并加入自己所需的交流群组，开展交互形式的教研和学习活动。

（二）运用信息化精准教学，深化教育改革

教育信息化促进学校教学的精准性和科学性，推动学校继续深化教育改革。学校从示范高中创建起就全面运用大数据精准教学系统，通过学业数据采集和教学过程数据分析，深度挖掘数据价值，对教师进行多维度教学发展性评价，在教学质量管控和教师专业化成长等方面起到了强有力的推动作用。精准教学系统从测验、作业、资源等多个维度，帮助教师对教学进行数据收集和分析。这种精准教学系统不但帮助教师实现科学规范的教学分析，同时有利于动态跟踪班级、年级、学校的教学活动，实现以数据和可视化图表的形式直观呈现教学活动中的各类情况，因而学校也可以根据教师的需要适时加以引导。精准教学系统还可以形成可信、多元、多层级评价报告，一方面能帮助教师了解学生的知识欠缺、发现能力特长，另一方面又能够挖掘班级共性薄弱点与教学重难点。学校积极总结精准教学经验，协助德化县教育局大力推广大数据精准教学系统至全县各个学校，深化县域教育改革，促进德化教育向更高的方向发展。

（三）教师信息化提升迅速，改革成效显著

对教师而言，借助县智慧教育平台有助于以技术弥补经验，同时可以积累不同教师的共性、个性经验，教师在教育教学工作中也容易形成个人风格和教学特长。教师徐高挺就是其中的代表之一，他长期从事信息技术与数学学科教学深度融合的研究，基于数学实验教学，让学生在实验过程中培养创新能力及核心素养。同时，他还总结经验，出版了专著《触摸数

学》。当然，有了平台、系统，教师也要会用、活用。学校不仅注重为教师搭建丰富的信息化教学资源，而且注重培养和提升教师的信息化教学能力，以信息化教学促使教师个性化、特色化发展。信息化时代给教师的专业化成长提供了泛在化、共享性资源，打破了研修的时间与空间限制。学校充分利用这些特点，建立新教师、中青年骨干教师和高层次教师三级网络研修矩阵，通过全员培训、重点培训、专家引领和以赛促训等形式，引导不同层次的教师熟练掌握多种信息技术教学技能，学习设计开发课件，不断提升信息化教学素养和水平。学校作为县域内高中教育的"龙头校"，积极组织全县各个学校参加各种平台使用的研讨活动，稳步推进智慧校园建设工作，充分发挥学校在德化县智慧教育平台建设中的作用。同时，通过组织全县教师培训与学习，提高我县教师的信息技术应用能力，并做到常态化、规范化使用中小学智慧教育平台，提升学校的教育内涵，提高教学效率和管理能力。

四、紧跟时代明确任务，引向深入

（一）继续坚持把教育科研作为学校统筹教育教学改革的重要抓手

学校将继续坚持"科研兴校、科研强师、科研促特色"的改革发展理念，将教育科研作为学校探索实践教育教学改革的重要抓手，统筹学校教育教学改革的全面、长效发展。在未来两年内引导学校教师教育科研参与率达到85%以上，争取获得中央教科所等管理部门批准的立项课题，争取有教育科研或教育教学成果在省级教育教学成果评奖中获奖，以实际成果助推学校教育教学改革取得成效。

（二）严格落实把强化管理作为学校提升改革和科研质量的重要路径

当前，新课程改革逐渐走向深化，在新课程改革背景下，随着学校省级示范性普通高中及省级教育科研基地建设的全面铺开，学校未来教育教学改革必将有新的方向、新的内容，也必然会遇到新的问题和发展瓶颈，这些都将激励学校对教育改革和教育科研进行新的规划和新的探索，更好地为学校教育教学的创新发展服务。学校团队和教学业务部门将做好引领示范，进一步把好改革规划和课题研究入口关，确保各级各类课题的立项获批率，更加重视教育科研成果的提炼，强化教育科研成果的评奖和应用，保证学校教育改革和教育科研的质量。

（三）大力推动把互动交流作为学校获得先进经验、开阔视野的重要手段

学校将继续深入探索教育改革、教育科研双向合作与区域引领的理念，继续推动"德化一中、永安一中、漳平一中"教学联盟的互帮互助，与"友好学校"厦门双十中学、"共建单位"厦门大学航空航天学院等的合作共赢，把"'瓷韵·文学之旅'研学夏令营"的邀请范围扩大到我国的港澳台地区，充分发挥"科研搭台，特色会友"作用，与同行们共同探寻"五育并举"的实现路径，拓展学校的区域辐射力和影响力，进一步开拓国际视野。

第七章

推进帮扶工作 示范引领有"作为"

党的二十大报告指出,要加快建设高质量教育体系,发展素质教育,促进教育公平。为优化教育资源,促进教育融合发展,进一步发挥省级示范高中的示范辐射作用,德化一中通过"订单式支教""名师大篷车"等方式,先后派出一百多名骨干教师到仙游县龙华中学、永春第三中学、德化二中、德化三班中学和宁夏红寺堡一中等结对帮扶学校展开帮扶工作,以实实在在的工作落实和促进教育公平。

一、结对帮扶善作善成,均衡普惠

为进一步发挥省级示范性普通高中示范辐射作用,健全完善优质学校辐射带动区域教育发展的有效机制,不断扩大优质教育资源覆盖面,助力加快构建优质均衡基本公共教育服务体系,近年来,学校在帮扶工作上做了大量有益尝试。

(一)采取支教工作"订单式"管理,按需帮扶,固本强基

支教工作重在急人所急、急人所需,对薄弱学校的帮扶工作能不能成功,有没有效果,最重要的是要先明确对方急需解决的问题,只有"对症"才能"下药",只有找对"药"才能"药到病除"。仙游县龙华中学、德化县三班中学地处农村,师资水平极为薄弱,一些学科的教师非常紧缺;德化二中、宁夏红寺堡一中虽然地处城区,但其教育科研能力和教育理念仍需进一步提升。为充分保证帮扶工作的实效,每个学年度开始,由受帮扶学校根据教育教学工作需要向德化一中发出"帮扶工作清单",学校再结合深入了解的受帮扶学校的基本情况,选派优秀教师或管理人员前

往受援学校进行为期至少一年的支教工作。

（二）开展"名师大篷车"支教活动，精准送教，引领示范

薄弱学校的教师普遍担负着繁重的教学任务。他们往往离不开学生，走不出学校，看不到名师，对外交流的机会较少，这些问题禁锢了他们教育理念的更新，严重制约他们教学能力的提升。为此，学校在帮扶过程中，根据受援学校的薄弱项目，选派省、市名师，学科带头人和骨干教师，以"名师大篷车"的形式开展送教活动。通过名师上示范课、课后反思研讨、专家点评培训、开设专题讲座、现场答疑解惑、征询改进意见等，以优质课例让名师与薄弱学校教师零距离接触，面对面交流，按需开展培训，研讨教学疑难。一方面从制度上明确了名师送教下乡的责任与任务，增强了名师荣誉感和使命感；另一方面使薄弱学校、薄弱学科和薄弱教师受到帮扶，既取得了帮扶实效，又有效促进了学校名师、薄弱学校教师双向的专业成长。

（三）推进"课题研究多域化"工作，以研促教，助力提升

学校教育科研工作的深入开展，是教育教学质量不断提升的有力保障。"授人以鱼不如授人以渔"，为帮助受援学校提升教育教学科研能力，强化学校自我提升的内化能力，学校借助结对帮扶这个平台，大力推进与受援学校共同合作的课题研究多域化工作。根据受帮扶学校的实际情况及需要，学校组织科研能力较强的老师与其合作开展课题研究工作，通过不定期交流研讨的方式达到以研促教，助力他们教育科研能力的提升。

同时，为总结支教工作经验，着眼结对帮扶工作长效开展，学校根据不同地区的受援学校的特点，分别开展省级课题"教育均衡发展视野下支援薄弱学校教育实践研究"和县级课题"教育均衡发展视野下德化县薄弱学校支教研究"的研究，在课题的实施与研究过程中积极积累经验，保障支教工作提升质量。

（四）抓好"帮扶教师"管理和考核，总结反思，宣传推广

帮扶教师是帮扶工作的关键所在，学校在每年暑期根据受援学校的"清单"选择相应项目的优秀教师，在工作开展之前召开帮扶教师动员会，对新学期的帮扶工作做出相应布置，并对帮扶教师支教的全过程强化管

理，确保帮扶教师发挥应有的作用。帮扶教师在帮扶支教期间接受帮扶学校和受援学校的双重管理，以受援学校为主。要求帮扶教师在帮扶期间要多思多想，每学期末及时总结、撰写帮扶工作总结材料，分别报送帮扶学校和受援学校。帮扶期满，学校将联合受援学校和教育局进行全面、科学的考核，并签出考核评价意见，考核结果记入教育局建立的帮扶教师档案，作为帮扶教师评先树优、提拔任用及教师职称评聘的重要依据。每学期学校还组织帮扶工作经验交流会，由上一学年承担帮扶工作的教师总结得失，向新一批承担帮扶工作的教师传授经验，打造出一批高素质的帮扶教师队伍，确保帮扶工作实效。

图 7-1 学校召开支教教师工作座谈会

图 7-2 学校选派支教教师到德化二中

二、找准问题开对方子，合拍共鸣

经过学校和受援学校之间多年的通力协作，以及帮扶教师和受援学校教师的共同努力，受援学校教育教学质量取得明显提升，帮扶教师的付出和努力也获得受援学校的高度好评。如仙游县龙华中学自2019年接受学校帮扶以来，教研氛围愈加浓厚，教育教学质量明显改善，成功获评"福建省三级达标学校"；德化二中、德化三班中学等受援学校不但缓解了教师紧缺的压力，学校教师精神面貌更具活力，而且教育教学质量有了新的提升，其中德化二中还顺利通过了福建省二级达标高中申报资格验收。

图7-3

2019年3月，学校与龙华中学签订对口帮扶协议，助力乡村教育

图7-4

2020年1月，召开"德化一中·仙游龙华中学·德化二中·三班中学"对口帮扶2019年工作总结暨2020年工作计划座谈会

图 7-5

2022 年 6 月,学校与永春三中签订对口帮扶协议,进一步发挥示范作用,共同谱写老区教育"新篇章"

(一)联合受援学校,成立教研共同体

教研共同体,是指围绕学校发展和教师专业成长,充分发挥省示范高中的示范辐射作用,由各校教研部门联合牵头,以课堂教学为核心,整合课程改革以及教研、教育科研等工作中的各项活动和资源,通过以点带面的方式推动受援学校整体教育教学水平的共同提升,进一步落实教育精准帮扶,实现优质教育资源的互通共享。学校长期选派大量学科骨干教师为受援学校教师进行专题辅导培训,通过专家讲座、课堂诊断、说课授课等活动帮助受援学校教师深入解读课标及教材内容,并根据新课标和教材体系提出了相应的教学建议。在每一次研讨活动中,德化一中的老师都能针对受援学校学生的实际情况和学生发展特点设计教学,通过讲座、说课、听课、评课等方式与受援学校进行充分交流研讨和沟通,在教研活动中,促进各校教师整体素质的提高。

图 7-6

学校骨干教师对龙华中学老师开展专题辅导培训

图 7-7

学校骨干教师与龙华中学老师开展联合教研

（二）关注人的因素，提升教师专业成长

通过示范高中帮扶行动，充分发挥优质教育资源的辐射带动作用，学校与受援学校建立了长期协作关系，确保优质教师资源的有效利用，保证帮扶实效。在实施帮扶过程中，学校以教师专业发展为重点，通过各种途径帮助受援学校培训骨干教师、培养青年教师。在帮扶过程中强化对"送教送培"活动开展情况、帮扶效果以及协作工作情况进行全程跟踪督导，适时予以指导，并帮助受援学校完善校本教研制度。学校精心选派开展支教工作的老师有骨干教师，有学科带头人，也有学校处室主任，通过这些老师的带动，引导受援学校教师主动进行教育科研，主动获得提升，受援学校的教育教学理念被引领到新高度，教学质量得到进一步提升，教育教学改革得以进一步推进。

图 7-8

2020 年 11 月，学校组织骨干教师前往宁夏红寺堡一中，围绕党建业务、教学教研、群团工作、图书馆和校友联络等开展帮扶交流

图 7-9

2023 年 3 月，学校骨干教师到龙华中学开展"送培送教"活动

三、精准帮扶干在实处，成果丰硕

学校教师不忘自身作为教师的使命，秉持一颗热爱学生、关怀学生的心来到受援学校，促进受援学校教育教学发展，在帮扶工作中涌现出一批典型。2020 年 12 月 4 日，《莆田晚报》以《福建省德化一中与仙游龙华中学结对帮扶：百里"走读"支教，助力乡村教育》为题进行宣传，新华网客户端、《人民日报》客户端对该条新闻进行全文转载，肯定学校在帮扶工作中取得的成绩；德化县名班主任、语文组骨干教师林志坚老师作为一名党员教师，积极发挥先锋模范作用，在 2020 年秋季至 2021 年春季学期主动请缨前往龙华中学支教，每周早出晚归进行"走读"支教，其敬业的态度赢得了龙华中学师生的一致好评！林志坚老师的支教事迹还被仙游县电视台以《支教老师的一天》为题进行拍摄宣传。

（一）《福建省德化一中与仙游龙华中学结对帮扶：百里"走读"支教，助力乡村教育》（《莆田晚报》、新华网客户端、《人民日报》客户端）

12 月 2 日清晨 6 点，天微亮，气温骤降，寒意十足。福建省德化一中的教师颜伟斌和林志坚准时从家里出发，开车穿越冷清的街道和高速到 100 公里外的莆田市仙游龙华中学支教上课。今天是星期三，是他们每周风雨无阻的支教日，两人要赶在 7:40 前到达学校开启上午的第一堂语文课。7:35，当熟悉的身影准时出现在高一年段的两个教室里时，学生们开心地欢呼着……这是福建省德化一中与仙游龙华中学结对帮扶、助力乡村教育的一个缩影。

图 7-10

2020 年 12 月 4 日，《莆田晚报》刊载《福建省德化一中与仙游龙华中学结对帮扶：百里"走读"支教，助力乡村教育》，并得到新华网客户端、《人民日报》客户端等的宣传和转载

底子薄、生源少、质量差……如何提升本校教学质量，改善乡村教育的薄弱情况，一直是仙游龙华中学校长王金模的心头大事。经过不断的探索研究，根据学生实际情况，学校为此制定了"全面发展，各长所长"的办学思路。推进体育、艺术、通用技术等学科教学改革的同时，开设了"美术""摄影"等特色课程，有意识地引导学生在特长方面去延伸跟拓展，并取得了良好的成效，2020 年龙华中学高考成绩喜人，全校 102 位学生参加高考，48 位上了本科录取线，其中 500 分以上的有 2 位，实现了"低进高出，多点开花"的办学目标。

教学质量是学校的生命线，2019 年秋季，经过努力争取，在有关部门的牵线搭桥下，龙华中学还与省一级达标学校、省示范性高中建设学校福建省德化一中结成对子，在学校管理、教育教学等方面进行帮扶。德化一

中每学年派出2—4名骨干教师在龙华中学支教，带动学校深化教育教学改革。第一学年德化一中派了3位优秀教师支教生物、地理学科一年，由于支教老师在本校也有教学任务，为了兼顾两校工作，支教课程一般集中安排在一两天上完，课后及时批改作业，每周早出晚归进行"走读"支教，支教老师的尽职敬业的态度也赢得了师生们的一致好评。此外，德化一中还不时派来省骨干教师进校开展讲座，为本校师生解锁教学难题，示范引领教学方向，有效提升了龙华中学整体的教学质量。今年秋季，得知龙华中学语文教师缺乏，德化一中又派出两名语文骨干教师到校送教帮扶，给学校带来了新的教学理念，受到师生们的欢迎。11月23日至28日，福建省德化一中还派出13个学科15位老师来到仙游龙华中学作新课程、新课标、新高考示范教学和学术研讨，"送教送培"助力乡村教育，吸引了全县200多位一线教师进校"取经"。

同时，德化一中每学期还在龙华中学举行优质高效课堂教学示范课和研讨会，举行两校集体备课，分学科进行看课说课评课。授课者跟听课教师分享自己的教学设计，从不同的方面交流教学改革的感悟和收获。龙华中学教研组长郑仙香告诉记者，两年来，龙华中学借助德化一中先进的办学理念和优质的师资队伍，分享到一级达标校的教学资源，促进了学校教学成绩的提高，今年高考成绩喜人，并于日前顺利实现省三级达标校评估。

对于派教师远赴百里之外去支教的行为，时任德化一中副校长连永琳认为，做好帮扶工作，不仅是省示范性高中应尽的义务，更是学校发挥示范作用，优化教育资源，促进教育融合发展的一种社会责任。学校选派过来的老师都是学校的优秀教师，有骨干教师，有学科带头人，希望能够通过这样的支教帮扶，促进当地薄弱学校的发展。

对于两校的密切合作，龙华中学校长王金模颇为感慨地说，送教送培活动，搭建了校际间交流的平台，促进了优质教育资源的辐射和共享。经过德化一中两年的帮扶，学习他们创建省示范级高中的一些经验和做法，学校管理方面更加规范，也促进了教师理念的更新跟业务水平的提高，丰富了学校的办学资源，进一步提升学校的教学质量。

图 7-11

2021 年 5 月，学校副校长赖厚利接受仙游电视台采访

图 7-12

2021 年 5 月，龙华中学副校长卢开山接受仙游电视台采访

（二）《支教老师的一天》（仙游广播电视台录制脚本）

图 7-13

《支教老师的一天》视频截图

我叫林志坚，是德化一中的一名高二年级的语文老师。目前担任两个实验班的语文教学工作和1班班主任、年段语文命题组组长、年段学生培优等工作，德化一中在入选福建省首批44所示范性普通高中建设学校后与仙游龙华中学结对帮扶，于是我主动向学校提出申请到龙华中学支教一年。

画面：

5:10轻轻起床（因为早起，怕影响孩子休息，自己单独睡一间），爱人和孩子还在睡梦中，简单洗漱一下，就忙着煮早餐，炒个青菜。

5:35把粥煮熟，吃简单健康的早餐。

从2020年9月份开始，每周的星期三和星期五我都会自己驾车前往100公里外的仙游县龙华中学支教该校高一年级两个班级的语文课。

5:50下楼。

6:00开车向仙游方向出发，6:10进入高速收费站。

每周两次往返，共400多公里的路程，寒来暑往，无论天气如何变化，我从不缺席。这既是自己对支教使命的一份坚守，更是自己内心对支教的94名孩子立下的一个承诺。当然，我也知道家人对我路上行车安全的担忧与牵挂。

7:15出高速。

7:25到龙华中学，给爱人打电话报平安。

仙游县龙华中学是一所新晋的省三级达标高中，为帮助学校巩固达标成果，提升办学内涵，德化一中与龙华中学建立了帮扶关系。来到龙华中学支教是我主动向学校提出的申请，虽然是义务支教，并且产生的所有费用都由自己承担，但我非常珍惜这次机会，它可以让我探索到更多的教育教学方法。通过几个月的支教生活，我跟这里的孩子们也建立起深厚的友谊。

7:40学生高呼"老师您来了啊"，分发练习，开始支教第一节课，下课和学生交流。

龙华中学的孩子们相较于我在德化一中教学的两个实验班的孩子们来说，基础知识的掌握较为薄弱。为此，我特地制定了两套适合不同基础学生的教学方法，每周根据两个学校学生的学习情况分别拟定不同教学计划和练习卷。

9:00 把自己带来的文学作品分给学生。

每个学生都有一个文学的梦想，高一（3）班的张真同学也是如此，她的文学功底挺好的，为了鼓励她在文学的道路上走下去，于是我把她的作品推荐到德化一中校刊《野草叶》，并经常和她一起探讨文学创作心得。为了激发同学们去实现文学的梦想，还特意赠送他们德化一中校园文学合集《青青野草叶》。

如何探索提高高中语文教学水平，是我支教工作中重要的一部分。因此，每一周我都会与龙华中学的语文老师们开展教研活动，分享教学经验。

9:20—11:25 和龙华中学老师开展教研工作。11:25 下课，和学生一起去食堂，共进午餐，和学生交流，鼓励学生。

每次来到这里支教，我都非常享受与学生们共进午餐的时光。在这里，我与孩子们都会相互分享一些学习生活中遇到的事情，我也会适时引导他们，帮助他们排忧解难。这也是我能够用最短的时间融入他们，从而走进他们的心里，成为彼此良师益友的法宝之一。

潘嘉瑜是一位比较腼腆的学生。近几周，我发现他即使坐在班级的第一排上课，每次看黑板时仍会眯着眼睛。我决定趁着放学时间带他去专业验光店里查一查视力。

和学生告别，出发回家。

德化一中是一所省一级达标校，2018 年入选省首批 44 所示范性普通高中建设学校。这里是我梦想开始的地方，如今已在这里奋斗了 20 年的光阴。在这里，我迎来送往了一批批学生，他们都已成为我的骄傲。

14:20—15:45 上高二课程。

15:45—16:25 在休息室和老师们交流，老师们需要材料就"志坚一下"。

一直以来，我每天雷打不动花一个多小时的时间上网搜集全国各地高中语文的各种教学资料，并整理存档，这是我的教学"宝藏"。能够与同事们分享这一份"宝藏"我也非常开心。也因此，他们经常开玩笑道：

"别人查资料找百度，我们查资料找志坚。"这是他们给予我的一份信任和肯定！

16:35 到父母家问候。

我的父亲早年就身体残疾，母亲去年刚做过大手术，身体健康状况都不是太好，家中的兄弟姐妹也都在外地工作生活。因此，我每天都会利用放学时间过去看望一下他们。

17:10 到邻居家接孩子。

我的爱人也是一名教师，目前在德化三中教高三的物理。由于我们俩的工作都比较忙，跟二宝幼儿园的放学时间经常有冲突。为此，我们不得不经常麻烦邻居帮忙一起接送。

17:40 爱人、儿子到家，一起煮饭。

18:00 一家人开始吃饭，交流，鼓励儿子，和女儿交流今天的在校生活。

晚餐是一天当中唯一能够一家四口相聚交流的时光。

18:20 出发去学校，准备晚自习。

夜幕降临的时候，晚自习开始了。

18:30—21:10 学生激情晚读，晚自习，备课，辅导学生。

作为一名班主任，做好学生的思想工作是一个极其重要的部分，也是一个极其复杂的问题。班上的每个学生都有不同的思想品质和个性特征，所以我每天都必须找学生了解学生的思想动态和班级情况。

21:20—22:10 优生辅导。

优生的培养是我的日常工作，每天都给他们辅导作业。

22:30 到家，闺女已经睡觉，爱人在备课，到书房继续准备第二天材料。

23:00 站在阳台远望教室（熄灯）。

我也结束了一天的工作，准备休息。

作为一名党员，给自己一个方向，给自己一个信仰，只要你下定决心向前走，每一天都可以是新的开始。不是所有奋斗都会有一个让你满意的结果，但每一个奋斗的过程都会让你变得与众不同。晚安！

（三）《龙华中学，升三级达标的三年》

2018年，龙华中学与德化一中相遇，成为德化一中示范高中帮扶的学校之一。此时龙华中学有26个教学班，学生1216人，教职员工108人。校园占地面积41781平方米，建筑面积1.6万平方米，校园绿化面积达1.4万平方米。在与德化一中的携手下，乘着仙游县"教育强县"发展战略的东风，学校紧紧围绕创建省三级达标高中这一中心工作，勤勉工作，不断进取，校园面貌焕然一新，设施设备日渐完善，学生规模不断扩大，教学成绩逐年攀升，办学成效日益凸显，社会影响持续扩大。在仙游县委县政府大力支持下，在各界贤达踊跃捐资下，结合德化一中创建省示范级高中的一些经验和做法，龙华中学管理方面更加规范，教师理念的更新和业务水平的显著提高，更加丰富了龙华中学的办学资源。先后投入2000多万元用于改善办学条件，综合楼、教学楼、图书馆、师生食堂、宿舍楼等均已建成并相继投入使用，实验楼设备配备基本齐全，计算机室、音乐室等功能室均已设置到位，学生运动场已有雏形，校园绿化、美化、现代化融为一体，环境舒适、优雅，校园环境得到较大改观。

2019年，德化一中派出多名骨干教师常年在龙华中学担任学科教学，有优秀教师，有骨干教师，有学科带头人，也有德化一中教务处的副主任，还有德化一中实验班的老师和班主任。同时，德化一中每学期还在龙华中学举行优质高效课堂教学示范课和研讨会，举行两校集体备课，分学科进行看课说课评课，授课者跟听课教师分享自己的教学设计，从不同的方面交流教学改革的感悟和收获。通过这些老师和龙华中学园丁们的共同努力，龙华中学教育教学得到深化改革，大大促进了龙华中学教育的发展。在龙华中学全体教师与德化一中支教老师，及龙华中学广大学子的共同努力下，龙华中学教育质量一次又一次创造奇迹，2019年，龙华中学中考成绩进步率居全市第一，获评"莆田市2019年教育教学进步奖"；高考本科上线42人（其中本一5人），超县指标41人。

2020年初，德化一中党总支书记、校长陈荣天率队，带领学校部分中层干部及多位各学科名师到仙游县龙华中学研讨新学期示范帮扶工作。座谈会上，陈荣天校长向大家介绍了学校示范性高中建设、特色办学成果以及百年校庆筹备等情况,并与龙华中学王金模校长分别就上一学年度两校帮扶工作进行总结、研讨下一阶段帮扶工作。陈校长表示:要严格依照省示范性高中建设要求开展各项教育教学帮扶工作,同时,根据龙华中学实际情况,开展更有针对性的帮扶。会上,两校各处室负责人及各学科老师就今年的交流计划、学校团队管理、各学科教育教学经验、校园陶瓷艺术等工作分别进行交流。这一年,龙华中学借助德化一中的先进办学理念和优质的师资队伍,在龙华中学全体老师及学生的共同努力下,2020届共有36位体艺类考生参加专业考试,全部通过专业本科线,体育类邱建新同学以96分的好成绩,居仙游县第三名。该年度师生参加各级竞赛共获县级以上奖项28项,特别是高二年学生陈星宇同学参加全国信息学奥林匹克竞赛获省一等奖,是全市唯一获奖的学生。学校先后被授予"莆田市文明学校""莆田市五好基层关工委""仙游县实施素质教育优秀校""仙游县5A平安校园""仙游县'五四'红旗团委"等荣誉称号。最值得骄傲的是,2020年9月30日至2020年10月14日,仙游县教育局根据《福建省教育厅关于印发〈福建省达标高中评估办法(修订)〉的通知》(闽教基〔2017〕35号)精神,按照省三级达标高中评估标准,对龙华中学高中部申报"福建省三级达标高中"资格评审通过情况进行公示,同年顺利实现省三级达标。

2021年至今,德化一中与龙华中学的帮扶工作交流更加深入,德化一中将和龙华中学继续共同努力,筹划龙华中学申报"福建省二级达标高中"学校,争取早日实现二级达标校的目标。

图7-14

2023年2月,学校党总支书记、校长陈荣天率队到龙华中学调研帮扶工作实施效果,研讨新学期帮扶工作

四、帮扶要素准确把握，有的放矢

（一）优化对薄弱学校开展帮扶的策略

实事求是，科学规划——从支教具体措施的制定角度探讨。具体为：提供专项经费，确保支教工作落实；完善内部结构均衡的支教队伍；完善科学合理的支教服务期限；完善合理的支教激励机制；在支教中引入发展性教师评价制度；完善支教信息数据库和信息反馈机制；积极优化支教的价值理念和方法，从而达到改善教育质量，提升办学效益的目的。

（二）善用"5G+专递课堂"的帮扶优势

进一步完善"5G+专递课堂"的建设和实践探索，以"5G+专递课堂"为帮扶工作着力点，在原有的德化县智慧教育管理平台的基础上，积极利用"人人通"等，建设优秀网络空间，以线上的有效对接，分享优质教育资源、探索创新帮扶教研模式，有效带动帮扶学校教学水平的提质提级。

第八章

坚持特色办学　传承文化有"成效"

学校之间有特色差别，教育才有活力。学校的办学特色体现着学校的办学理念，体现着学校的价值取向、生态环境、教育创新、教育传统。学校在落实立德树人根本任务的基础上，积极探索多样化、特色化办学的新路径、新方法，充分考量办学历史、地域特色等因素，总结形成以"艺术为幸福人生奠基"为主题的"校园文学、陶瓷艺术"的办学特色构想，从四个结合（传承与发展、区域与校情、普及与精英、实践与鉴赏），四个支撑（文化理念、校本课程、普遍受益、亮点成果）等方面入手，打造全方位、多途径、全覆盖的特色教育模式。

一、特色办学谋划全局，厚植优势

德化一中是典型的闽中山区校，在现有经济社会大环境下，县域中学不可避免地面对新生人口减少、重点人才流失等一系列现状，而这又成为影响学校发展甚至是立足的重要因素。现代办学，追求品牌和办学特色的影响力，追求学校长期可持续发展的潜力和活力，从而提高学校的社会知名度和美誉度。要吸引、留住优质生源，除了要有过硬的教育教学质量，还要有特色、有亮点，有特色才能更好地提升学校的知名度，有亮点才能创立优质的教育品牌，我们坚信，创建特色学校将会是今后中小学建设的重点和趋势。

（一）历史传承与地域资源是办学特色的土壤

建设学校特色首先要解决学校特色的定位问题，即要明确构建什么样的"特色"。学校特色不仅是一所学校以往历史的积淀，更是学校自我发展的主题。它是在不断变化的过程中，通过辩证批判的取舍，经过精心提炼而形成的。因此，打造学校的办学特色，要善于依托地域的特色资源和立足学校的办学历史。因此，在传统的文化根基和现实的环境的基础上，学校可以快速凝聚校内外的人心与力量，有效借助校内外的软硬件优势，突出独特性、高效性和长效性，形成独一无二的竞争优势，成功打造办学特色品牌。

1. 校园文学的历史源脉

德化一中校园文学的发展可追溯至1948年，其时学校就定期组织编印校刊《德中通讯》；1958年，学校出版学生诗歌集，反映学校师生参加大炼钢铁的情形；1962年，学校刊印《少年报》；1979年11月，创办《学语文》小报，辐射全国；1980年，学校编印《校园生活》；同年10月，《教与学》创刊；1985年，学校团委会主持编印《我们这一代》，校园刊物文化接续不断，成为师生校园生活的典型记忆。

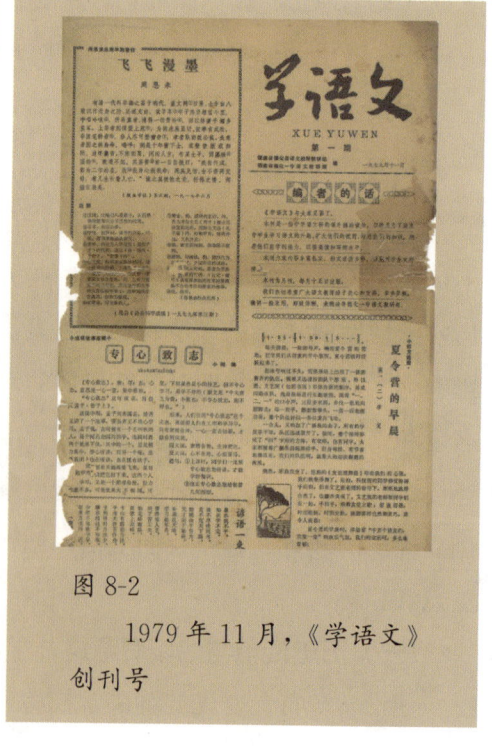

图 8-1
1958年，学生诗歌汇编集——《诗集》

图 8-2
1979年11月，《学语文》创刊号

图 8-3

1981 年 4 月,《教与学》第八期

图 8-4

1985 年 5 月,《我们这一代》创刊号

20 世纪 70 年代,由于特殊的历史原因,学校迎来了一批像孙绍振(北京大学中文系毕业)、白勤铮(北京师范大学中文系教师)等极具文学才华的教师,他们身边很快就凝聚了一批爱好文学的师生,极大地推动了德化一中校园文学的形成与发展。

1993 年,学校成立"野草叶"文学社是另一个重要的历史源脉。自成立到现今已 30 年,虽然 30 年不长,但对于一个存在 30 年的社团来说,也算是根深叶茂了。据调查,"野草叶"文学社的社员现已遍及神州大地,不少人至今还从事着与文学相关的职业。"野草叶"文学社这 30 年也相继邀请福建师大著名教授孙绍振、泉州市知名作家蔡芳本、著名诗人徐南鹏担任顾问,先后与全国 200 多家民间报社和几十家报刊建立了联系,互相转载优秀作品。《语文报》《中国校园文学》《全国中学生优秀作文选》《中学生时代》均对文学社作了专题报道,滋养和培育了一大批有志于文学的青年学子。

图 8-5

著名诗人徐南鹏回母校与"野草叶"文学社成员进行互动交流

图 8-6

孙绍振教授重返德化一中开设文学讲座，并为"野草叶"文学社题词

2. 陶瓷艺术的区域优势

德化一中所在的德化县，是中国三大古瓷都之一，被誉为"世界陶瓷之都"，具有浓厚的艺术积淀和丰厚的陶瓷文化底蕴。全县三十多万人口，陶瓷从业人员就达到了十几万，陶瓷企业共有三千多家。可以说，大部分师生的家庭里都有成员从事着与陶瓷有关的工作，陶瓷文化与师生的生活息息相关，学校开展"陶瓷艺术"特色办学因而具有得天独厚的社会基

础、环境条件和乡土优势。早在1935年，学校就创办了陶瓷职业班，招收学生30多人，教学内容包括陶瓷史、瓷器造型、色釉、彩绘等，开创了把陶瓷艺术教育引入课堂教学的先例，著名画家黄永玉师从我校教师徐曼亚的经历被传为佳话。

图8-7

被誉"鬼才"的当代艺术大师黄永玉凭记忆为其老师徐曼亚画像。徐曼亚时任学校陶瓷科主任，在学校泮池西侧设立陶瓷制作专用实验室

图8-8

徐曼亚瓷艺作品

1948年，学校又附设初级实用陶瓷职业科，设立陶瓷学、图画、书法等科目。二十世纪五十年代，陶瓷艺人王则坚等到校讲学，指导学生进行陶瓷创作实践。六七十年代，工艺美术大师许兴泰在学校举办陶瓷雕塑班，开展学工学农活动。其中，1972年，我校创办校办工厂，生产与陶瓷有关的产品，在校学生广泛参与生产劳动，有些在陶瓷方面学有所成的学生毕业后就留厂工作。八九十年代，学校还组织涂茂苍等老师编写《陶瓷颜料与釉彩》《陶瓷雕塑》等有关陶瓷工艺的校本教材，开设了剪纸、瓷雕、陶瓷釉彩等选修课程。

143

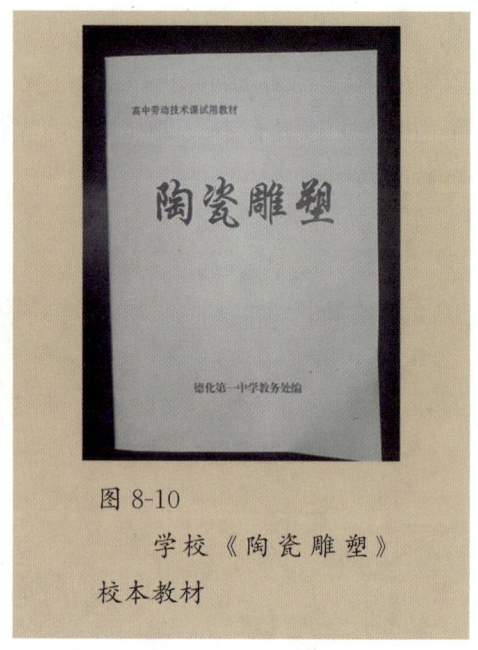

图8-9 学校校办工厂陶瓷颜料产品目录

图8-10 学校《陶瓷雕塑》校本教材

德化一中在确定特色办学方向时，不是简单地为了特色而特色，而是以人为本，汲取学校历史文化精髓，最大限度地挖掘社会教育资源潜力，寻找特色办学和教学质量的契合点，借助"校园文学"和"陶瓷艺术"两大内容，激发学生的兴趣、爱好和特长，培养学生的道德品质、艺术情操、人文素养，最终促进每一位学生有个性地全面发展，为未来的终身发展奠定良好的基础，争取实现特色与质量的双赢。

（二）课程体系与课题研究是办学特色的支撑

1. 打造强有力的特色教师队伍

学校深知要打造过硬的学校办学特色，需要一支素质过硬的教师队伍。办学特色的方案制定和执行，课程体系的构建，教学环节的落实，实践活动的拓展，成果的总结和提高，都要依靠教师队伍来实现。2018年10月，学校成立"德化一中办学特色领导小组"。同年11月，通过《德化一中办学特色建设发展方案》，形成以办公室、教务处、总务处、教科室、语文组、美术组等为核心的办学特色工作团队。办学特色团队的建立，有助于形成领导骨干高度重视、师生共同参与的良好推进氛围，使课堂和社团等办学特色活动经常化、规范化，内容更加丰富，教育主题更加鲜明。

图 8-11

学校办学特色领导小组研讨《德化一中办学特色建设发展方案》

学校在充分调动语文组和美术组教师参与办学特色课程教学的基础上，还积极发挥地域优势、充分挖掘社会力量，鼓励专业艺术人才参与学校特色办学。从 2019 年起，先后聘请了 6 名德化县作协的成员，11 名高校或是陶瓷艺术界的专家、大师担任学校办学特色建设项目"校园文学"和"陶瓷艺术"选修课的专任教师。学校力求以高质量、专业化的师资队伍为德化一中学子带来更加丰富的美育体验，接触到更加权威的艺术信息，切实提升学生今后宣传家乡文化、参与家乡产业创新的热情，也为学校的特色办学带来更好的研究、实践氛围，提供更多建设性意见和专业化帮助。

图 8-12

学校陶瓷艺术课程、校园文学课程特聘教师聘任仪式暨学生陶瓷实践基地授牌仪式

2. 构建完善的特色课程体系

课程在学校教育中处于核心地位，教育的目标、价值主要通过课程来体现和实施。同时，课程也是学校文化的具体展现之一，多元发展的学校必然设置多元的课程。因此，构建完整的办学特色课程体系是推进和完善学校办学特色工作的前提条件。

（1）在校园文学方面，学校先后开设涵盖"名著鉴赏""创作指导""语文读本"等三大类的十余门与文学相关的选修课程，为不同阶段、不同层次的学生提供文学创作、欣赏等方面的帮助和提升。特别是2014年开始，学校将高一年级国学课程的课堂设置在文庙，在这肃穆而又充满传统文化氛围的场景，对学生进行国学教育和熏陶，在潜移默化中提升学生的人文素养。为提升校园文学整体层次，学校在校园内为德化县作协提供活动场所，邀请作协成员进入校园采风并与学生进行面对面的交流，使其成为热爱文学学生进行文学创作尝试的引路人。同时，与作协合作开设"文学创作"选修课程等。我们还分别邀请孙绍振、林兴宅、陈日亮、鲍道宏和徐南鹏等教授或名家先后多次到校讲学，指导学生文学创作，引领校园文学高质量发展。

图 8-13

高一新生利用暑假时间在文庙聆听国学讲座

图 8-14

　　福建省作家协会成员寇婉琼、张玉芬到学校开设与陶瓷艺术相关的文学讲座

图 8-15

　　闽派语文代表人物陈日亮与"野草叶"文学社社员进行文学座谈

图 8-16

　　厦门大学林兴宅教授回母校开设文学讲座，捐赠图书

图 8-17

　　福建教育学院鲍道宏教授到学校开设文学讲座，并与"野草叶"文学社骨干进行交流

（2）在陶瓷艺术方面，学校美术组教师和特聘陶瓷艺术教师先后构建以"陶瓷鉴赏""陶瓷文化"2门必修课以及"陶瓷雕塑""陶瓷绘画""瓷花艺术""手拉坯技艺""陶瓷英语"等5门选修课为主的陶瓷艺术课程，彰显地方特色，培育审美素养。此外，学校还与臻峰文创园、顺美集团、如瓷生活文化有限公司等共同建设学生陶瓷实践基地，不定期组织学生到实践基地体验陶瓷创作的乐趣，培养陶瓷创作的能力。各种类型的课程与实践活动，让办学特色有了生存的空间和载体，让特色办学在学生群体中入脑入心，真正落地生根。

图 8-18

福建省陶瓷艺术大师卢美彬为选修"陶瓷绘画"课程的学生上课

图 8-19

学校美术组教师苏成文为选修"陶瓷雕塑"课程的学生上课

图 8-20
学校组织高一年级学生到陶瓷实践基地——臻峰文创园进行陶瓷创作体验

3. 扎实开展特色教育课题研究

办学特色教育科研课题的扎实推进，是学校办学特色工作深入开展的另一重要因素。"校园文学"和"陶瓷艺术"都有自己的研究课题，这些课题紧紧围绕立德树人这一核心，同时拓展到师资建设、课程构建、实践拓展等方面，通过教育科研，扩大了教师的教育视野，提高了老师们观察个案、发现问题、分析问题和解决问题的能力，学校办学特色的专业化水平也随着课题研究的持续深入而不断提高。

学校语文组注重校园文学创作和鉴赏，自 2002 年开始，围绕"写作个性化与个性化审美创造"这一核心，先后开展了"高中成就感目标作文教学"（2001－2004，省教科所）、"高中学生作文个性化发展研究"（2002－2005，中央教科所）、"中小学生作文个性化发展研究"（2005－2008，中央教科所）、"学生个性化阅读与个性化写作实验研究"（2007－2010，中央教科所）、"高中作文个性化教学与校园文学发展研究"（2012－2015，省教育科学规划办）、"高中个性化阅读与校园文学发展研究"（2016－2019，省教育厅）、"高中'三味'作文教学策略探究"（2017－2018，市普教室）、"基于审美鉴赏与创造核心素养的高中语文教学实践研究"（2017－2019，省教育科学规划办）、"'本然语文'背景下提高写作核心素养的实践与研究"（2018－2020，省教育科学规划办），以及"核心素养背景下构建'三味'作文教学体系的实践与研究"（2019－2021，省教育科学规划办）等一系列不间断的课题研究，从成就感目标作文、个性化作文，到个性阅读与个性化写作，再到核心素养背景下的审美鉴赏与创造，一步一个脚印地进行探索尝试，有力引领了校园文学的发展，永葆校园文学的生机。

图 8-21

学校承办中央教科所重点课题"中小学生作文个性化发展研究"专题研讨会

图 8-22

福建省教育科学"十三五"规划2018年度课题"'本然语文'背景下提高写作核心素养的实践与研究"中期研讨汇报会

团委会、美术组、语文组则聚焦陶瓷艺术，牵头开展"德化县陶瓷艺术在高中校园的传承与发展研究""'五育'背景下德化陶瓷艺术与校园文学融合发展"等课题的研究，关注陶瓷艺术在校园发展前景和作用。

德化一中 2018 年以来与校园特色文化建设有关的课题汇总(县级及以上)

课题名称	级别	负责人	立项时间	结题时间	批准立项单位
高中个性化阅读与校园文学发展研究	省级	童双攀	201609	201909	福建省教育厅
高中"三味"作文教学策略探究	市级	颜缤纷	201704	201809	市普教室
基于审美鉴赏与创造核心素养的高中语文教学实践研究	省级	赖厚利	201709	201909	省教育科学规划领导小组办公室
"本然语文"背景下提高写作核心素养的实践与研究	省级	梁紫源	201808	202008	福建省教育科学规划领导小组
"核心素养"背景下构建高中"三味"作文体系的实践与研究	县级	陈敏伦	201812	202011	德化县教育科学规划领导小组
德化陶瓷艺术在高中校园的传承与发展研究	县级	徐建新	201812	202011	德化县教育科学规划领导小组
"核心素养"背景下构建高中"三味"作文体系的实践与研究	省级	陈敏伦	201908	202107	福建省教育科学规划领导小组
"一核四层四翼"背景下的高中语文审美教学研究	省级	赖厚利	202010	202209	福建省教育科学规划领导小组
基于德化县特色资源的研学旅行课程设计与实践研究	县级	江珠琼	202105	202305	德化县教育局、德化县教师进修学校
基于地理实践力培养的地理乡土课程资源开发与应用研究	县级	林飞燕	202105	202305	德化县教育局、德化县教师进修学校
基于新教材"单元写作任务"的高中"三味"作文教学实践与研究	省级	陈敏伦	202210	202409	福建省教育科学规划领导小组
以陶瓷艺术活动推进高中劳动课程本土化实施的实践探索	省级	赖厚利	202210	202409	福建省教育科学规划领导小组
"五育"背景下德化陶瓷艺术与校园文学融合发展研究	省级	徐建新	202210	202409	福建省教育科学规划领导小组
德化陶瓷红色文化融入高中历史"四史"教学的实践研究	省级	苏静	202209	202408	福建省教育科学规划领导小组

图 8-23
学校 2018 年以来与校园特色文化建设有关的课题汇总

(三)学生社团与活动舞台是办学特色的抓手

办学特色要长远,学校一方面要针对全体学生开展基础性普及课程与项目活动,另一方面还要拓展特色选修课程与活动的深度与广度,满足有兴趣特长的少数学生更高层次的需求,让不同学生得到不同程度的"特色"成长,同时把学生社团作为"精英培育",把主题活动作为"普遍受益"的重要抓手。

1. 社团搭建多彩平台

(1) 1993 年 3 月学校创办德化一中"野草叶"文学社,社刊《野草叶》报一并诞生。《野草叶》报现已出刊 122 期,并先后出版了《青青野草叶》(一)(二)和《传奇野草叶》等书籍,"野草叶"杯征文比赛已成为辐射全县的校际竞赛。文学社词条被收入共青团中央和中国青少年基金会联合编撰的《中国青少年年鉴》,2012 年"野草叶"文学社正式加入

"意林中国知名中小学文学社联盟"。文学社以"为中学生开辟练笔天地，繁荣校园文学，团结和扶持新一代文学爱好者"为宗旨，培养了一代又一代的文学青年。

图 8-24

《意林》杂志社向"野草叶"文学社颁授"'意林中国知名中小学文学社联盟'成员"牌匾

图 8-25

百花文艺出版社向"野草叶"文学社颁授"百花校园文学社团联盟"牌匾

（2）2020年1月成立的陶瓷艺术社，是以教学、科研、创作为一体的综合性社团，虽然成立的时间不长，但因为有多位知名陶瓷艺术大师作为指导教师，经常性地组织社员到陶瓷艺术大师展馆参观学习，听取陶艺大师讲解作品创造过程，感受、品味陶瓷艺术之美，所以成立不久的陶瓷艺术社已成为学校陶瓷艺术爱好者传承技艺、交流心得、提升素养的重要平台。

图 8-26

学校陶瓷艺术社成立仪式

2. 活动惠及广大学生

2020年，为扩大学生参与覆盖面，鼓励更多学生参与到"校园文学"和"陶瓷艺术"中来，同时为学生提供一个展示实力、检测成果的平台，学校将分散在艺术节、科技节等不同活动的办学特色项目进行集中整合，以班级为参加单位，在春季学期和秋季学期分别举办"陶瓷艺术节"和"校园文学节"。"陶瓷艺术节"涵盖普及型的陶瓷知识、艺术欣赏讲座，瓷花、瓷画和陶瓷雕塑现场赛，参观名家作品展厅等；"校园文学节"涵盖文学讲座，现场作文比赛，汉字听写大赛，古诗词——飞花令，文艺汇演等活动，以及文学沙龙、主题演讲等。

图 8-27

"陶瓷艺术节"中，中国陶瓷艺术大师、福建省工艺美术大师、高级工艺美术师苏献忠为师生作"历史进程中的手工艺"专题讲座

图 8-28　"陶瓷艺术节"之瓷画现场创作比赛

图 8-29　"校园文学节"之"飞花令"比赛

图 8-30　"校园文学节"之"现场作文比赛"

二、项目推动抓纲举目，多点开花

（一）出版优秀学生作品

学校把出版发行学生优秀作品作为增强学生成就感的手段，鼓励学生用心描绘、大胆创作。每年固定 8 期的《野草叶》报，现已出刊 122 期，还有《绿野》《凤之舞》《燃情岁月》等一批班级自办的小刊物，不仅呵护了学生进行文学创作的尝试，更重要的是拓展了学生的文学视野，提升了学生的文学素养。学校先后正式出版发行《青青野草叶（第一辑）》《飞扬的个性》《传奇野草叶》《青青野草叶（第二辑）》《凤凰山下》《凤凰山往事》等文集，2021 年与《泉州晚报》"名师点评"栏目建立长期合作，推介学生优秀习作并介绍学校名师，这些都成为刊登学生优秀作品的重要平台，对有志于文学创作的学生形成很好的示范作用和精神吸引。

图 8-31 《野草叶》报

图 8-32 野草叶文学社出版的部分文集

图 8-33

与《泉州晚报》"名师点评"栏目合作的第一期

（二）拓展示范辐射范围

学校于 2020 年 8 月成功举办"瓷韵·文学之旅"研学夏令营活动，吸引省内 20 多所学校师生参加，通过聆听专家讲座、参观典型展馆、亲身实践操作等活动，让热爱文学的青年学子在品读历史、品味文化、品享艺术中全方位、多层次、沉浸式了解"海丝"路上重要的中国文化名片——德化陶瓷。活动得到了《人民日报》（海外版）、人民网、《泉州晚报》和东南网等多家媒体的报道。

图 8-34

2020 年 8 月 21 日，《人民日报》（海外版）第 6 版刊载"瓷韵·文学之旅"研学夏令营相关信息

（三）编印办学特色丛书

包含《瓷语》《学瓷》《瓷艺星光灿烂》《"瓷韵·文学"之旅 2020》《"野草叶"三十而立》《校园文学史》等八部作品的"办学特色系列丛书"已完成编印，成为学校陶瓷艺术和校园文学办学特色有机结合的重要成果。特别是学生到陶瓷厂、陶瓷研究所、博物馆进行采风，最终用文字记录劳动体会、艺术感受的《瓷语》一书受到社会各界的广泛好评，一些文章还被陶瓷作品作者作为宣传文案。此举吸引了更多的陶瓷大师主动邀请学校组织学生到其工作室进行采风，真正实现以特色办学引导学生在实践中学会表达、学会欣赏、学会创造，形成个人独特的审美思维品质的目的。

图 8-35 学校编印的办学特色系列丛书

（四）打造特色教育窗口

2021 年，学校投入 100 多万元建设 600 余平方米的"德化一中陶瓷艺术中心"，中心内涵盖"历史长廊""师生展厅""创作区域""拉坯区域""烧制区域"等 8 个功能区域，既有对陶瓷工艺流程的知识科普，也有亲身体验陶瓷创作的实践分区，再加上馆藏的 60 余位国家级、省级陶瓷艺术大师捐赠的陶瓷艺术珍品，使陶瓷艺术中心成为学校特色教育的重要一环，不仅有力推动德化陶瓷文化的有序传承，还成为展现当代德化陶瓷文化创新发展的重要平台和窗口。

图 8-36 陶瓷艺术中心——学生创作区域

图 8-37 陶瓷艺术中心——大师作品展示区

图 8-38 陶瓷艺术中心——手拉坯区域

三、特色活动精益求精，形成品牌

（一）"瓷韵·文学之旅"研学夏令营

在办学特色的建设推进过程中，我们深刻体会到德化陶瓷的独特与瑰丽。德化不仅是中国陶瓷文化发祥地，享有"世界官窑"的美誉，更是荣膺全球首个也是至今唯一一个"世界陶瓷之都"的称号。这座千年古县的过去与未来，传承与创新都与陶瓷息息相关。德化一中作为瓷都的百年学府，德化未来人才培养的重要"摇篮"，更有义务、有责任为保护、传承和宣传德化陶瓷文化贡献自身力量。

图 8-39　2020年德化一中"瓷韵·文学之旅"研学夏令营开营留影

语文学科在课程标准中提出"留心观察社会生活，丰富人生体验，有意识地积累创作素材，尝试写作，相互交流"的要求。知与行，心与身，学习和生活从来不可截然分开。2019年秋季，学校开始筹办将"陶瓷艺术、校园文学"办学特色与宣传"海丝"重要中国文化名片——德化陶瓷相结合，以"瓷韵·文学之旅"为主题的研学夏令营活动。此次活动的初衷在于通过研学夏令营活动搭建省内中学互动交流的平台，让研学旅行成为拓展视野、增长见识、陶冶情操的第二课堂。同时，带领学生进一步感知具有中国几千年历史文化的陶瓷艺术魅力，让他们深入了解陶瓷工艺、陶瓷艺术、陶瓷产业的专业知识，增强发现、探讨社会问题的能力，与生活实际搭建沟通联系的桥梁，提前踏入社会研究和社会实践的新旅程、新天地。

图 8-40

美国路易斯安那州立大学博士、美国加州州立大学洛杉矶分校地质与环境科学系教授邱宏烈作"数字技术及其在德化白瓷制作中的应用"讲座，让夏令营营员们了解现代技术对传统产业的影响和改变，了解新时期德化陶瓷艺人在努力传承传统制作工艺的基础上，用心探索新技术实践应用的积极尝试

图 8-41

福建省工艺美术大师，泉州工艺美术职业学院副教授、陶瓷艺术系主任张南章作"主要看气质——德化陶瓷欣赏"讲座，用幽默的语言、严谨的美学，引领夏令营营员们去欣赏陶瓷雕塑之美

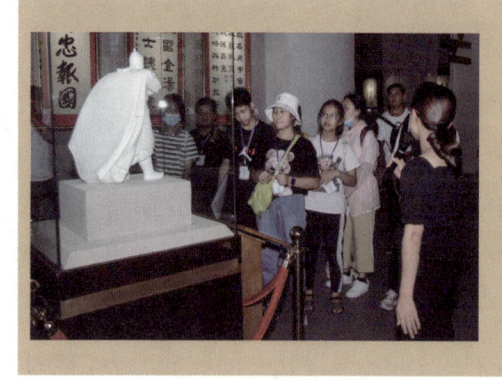

图 8-42

夏令营营员在金马车陶瓷文创艺术馆参观"百将翰墨·精忠报国""百态观音·慈航普度""百态弥勒·大慈予乐"等主题雕塑展

图 8-43

夏令营营员在德化陶瓷博物馆，徜徉在厚重的时光积淀里，与德化千年陶瓷文化进行"对话"

图 8-44

夏令营营员在德化一中学生陶瓷实践基地——顺美陶瓷文化生活馆参观德化行销海内外的丰富陶瓷产品，对德化陶瓷"客商八方来，器成天下走"的贸易特点有了更为直观的体会

学校的想法得到了省内各兄弟学校的大力支持，2020年8月，来自全省各地二十余所学校的六十多名同学和二十位带队教师，在5天的时间内，在专家讲堂用双耳聆听千年古瓷都的过去与未来，在知名展馆用双眼观赏陶瓷艺术的灿烂与辉煌，在实践基地用双手感知陶瓷成品的不易与艰辛……热爱文学的青年学子在活动中品读历史、品味文化、品享艺术，在与众多同好者的思维碰撞、观点交流中产生创作的灵感与冲动，丰富自己的文学心灵，并为德化陶瓷留下一篇篇充满青春朝气的佳作。

图 8-45

夏令营营员在德化一中学生陶瓷实践基地——臻峰文创园亲身体验"泥塑""彩绘""手拉坯"等陶瓷创作

图 8-46

德化一中"瓷韵·文学之旅"研学夏令营现场文学创作比赛

图 8-47

为在现场文学创作比赛中获奖的营员颁奖

此次活动在文化传承和扩大影响方面取得了很好的效果，吸引了多家媒体的关注，《人民日报》（海外版）、人民网、《泉州晚报》还有东南网等多家媒体对活动进行了宣传报道。虽然 2021 年和 2022 年因疫情的影响未能继续组织该项活动，但学校在 2023 年重启"瓷韵·文学之旅"夏令营。来自宁夏、山东等地近 30 所省内外中学教师代表、学生汇聚千年瓷都，齐聚凤凰山下，在陶瓷艺术中感受世界瓷都的魅力，在文学创作中领略古瓷都的风采。

图 8-48 人民网"人民图片"栏目对活动进行宣传报道

（二）"陶瓷文化"文学采风活动

陶瓷已然成为德化的文化基因，深深刻进每一个瓷都人的灵魂。德化一中的莘莘学子，尽管生于斯长于斯，这些十六七的少年却未必真正了解这一给德化带来世界声誉的陶瓷技艺。读万卷书，还要行万里路，更要了解家乡、关注社会，做到知行合一。德化一中以福建省示范性高中建设为契机，立足本地实际，积极打造陶瓷文化与校园文学的办学特色，除了邀请各级各类陶瓷大师和作家协会会员到校开讲座或选修课、在校内设陶吧作为学生展示奇思妙想的舞台、以校园"野草叶"文学社为阵地定期开展文学创作或文学竞赛活动等，学校还积极探索"陶瓷艺术"与"校园文学"相互融合的路径，鼓励学生走出校门，以"陶瓷文化"为主题，开展文学文化采风活动。同学们在学校语文组老师和美术组老师的带领下，到陶瓷博物馆参观，到陶瓷企业考察，到陶瓷艺术家工作室学习，在欣赏陶瓷艺术珍品的同时，学生们也尝试着用手中稍显稚嫩的文笔，去勾勒陶瓷艺术作品的一颦一笑、一枝一叶。于是，他们在老师的带领下，走进了凤凰陶瓷雕塑研究所，走进了富东瓷厂，走进了顺美瓷厂，走进了鑫五洲陶瓷有限公司等德化知名陶瓷企业、陶瓷艺术大师展厅……

图 8-49

　　陶瓷艺术社社员前往国家一级技师、高级工艺美术师兰全盛工作室，开展"瓷语"文学采风活动

图 8-50

　　野草叶文学社社员前往韵丽陶瓷有限公司，开展"瓷语"文学采风活动

德化陶瓷大师们用心雕琢出的珍品，是火与泥的碰撞，有形、有色、有味、有温度，在同学们心中悄悄播下了艺术的种子。诚然，好的艺术品自己会说话。艺术家功参造化，目光如炬，通过揉、搓、削、捏、捻等各种独特手法，将一团团无章无序的陶泥，魔术般地幻化为一个个天使、一朵朵莲花、一尊尊弥勒……完成了各种工序复杂的雕塑。这些作品还要在一两千摄氏度的高温中炙烤，如凤凰般浴火重生，形成温润如脂莹白如玉的德化白瓷。艺术家匠心独运，通过形态各异的造型，生动诠释了"一花一世界、一叶一菩提"的内涵。一个作品新鲜出炉，并不就意味着大功告成，它要能够经得起挑剔的目光，经得起时间的检验，否则终会沦落风尘，碎成一堆瓷渣。这时候，"读者"来了，同学们带着近乎朝圣的心态，踏进陶瓷艺术的殿堂，他们或者在大师的指引之下，一尊尊、一件件地进行走马观花式的品读，目不暇接；或者伫立凝视，任由思绪漫游天际：那灼灼窑火，如何舔舐着薄如白纸的陶瓷而不坏？泥土和窑火的共舞，如何造就这千年不朽的传奇？那出塞的昭君，可曾在月白风清之夜回归大汉故土？那翘首以盼的苏武，是否在冰天雪地中一遍遍回忆那一声声熟悉的乡音？那慈悲的观音大士，是否轻拂柳枝，在普度芸芸众生？那咧嘴腆肚大笑的弥勒，是否把那世间难容之事和天下可笑之人都从容把玩于股掌之间……接下来，他们用手中的笔，与艺术家的作品对话。一千个读者就有一千个哈姆雷特，同学们思接千载，心游万仞，对琳琅满目的艺术品进行天马行空的二度创作，他们的大胆想象和小心尝试令人欣喜。

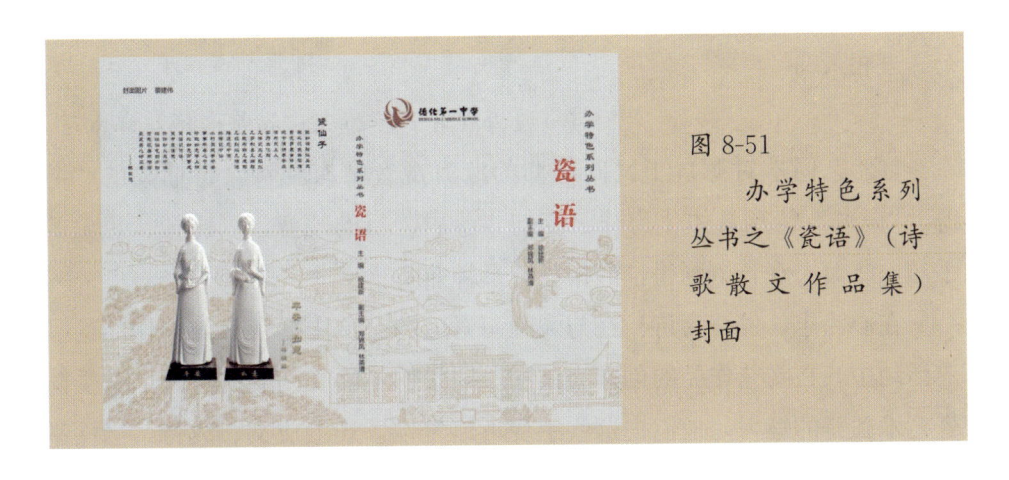

图 8-51
办学特色系列丛书之《瓷语》（诗歌散文作品集）封面

以下为"办学特色系列丛书"之《瓷语》的部分内容：

自在是什么/是绿芽的绽放/是燕雀的盘旋/是白雪的零落/是大海的辽阔/若问我什么是自在/我说/是白瓷锤炼千回百转/是蒲扇轻摇的微风/是壶酒蕴含的诗意/是佛珠抛弃绳的束缚/散落至大地长天/纵时节如流/纵万物皆空/自削发披缁/仰天长笑

（《自在》杨舒晨；指导老师：郑锦凤）

面对福建省工艺美术大师周德健创作的白瓷作品《自在逍遥》，杨舒晨同学放飞想象的翅膀，先用自然界不同意象诠释"自在"的内涵，再回归白瓷，聚焦"蒲扇""壶酒""佛珠"等意象，更进一步诠释"自在"精神，收放自如，匠心独运！

是谁叙述着/芸芸众生的悲欢离合/是谁凝固了/时间的诗情画意/晨昏蒙影/刻下万种风情/千年光景/印下不染尘心/从尧舜洪荒/到唐宋明清/它就在寰宇万物之间周旋着/静默如迷/拉出一个泥坯/孕育五千年的心手相依/在那无数火光中叫嚣的尘土/成了民族的意气/生生不息

（《观瓷有感》苏质芳；指导老师：童奕鹏）

苏质芳同学慧眼独具，在中国陶瓷艺术大师陈明华《国色天香》因镂空而参差斑驳的造型中，读出了"悲欢离合""诗情画意""万种风情"，读出了大师的一腔悲悯，更读出了生生不息的民族意气，读出了文化自信，把作品的内涵诠释得入木三分。

他从慈悲中走来/匠人奔越千年/拨开云烟/将虔诚种下/尘嚣浮华捻作一身纤纤/藏在窑烧里的秘语终破/普度众生，拂去尘怨/只一眼，祥云变幻，渡化人间

（《渡海观音》林雅艺；指导老师：郑素萍）

林雅艺同学对源自于民间信仰的渡海观音情有独钟，将抽象的"慈悲""虔诚"情感具体化为祥云变幻、慈眉善目的观音，以比拟、想象等手法，将渡海观音刻画得惟妙惟肖，形神兼备！

在心为志，发言为诗！在与大师面对面的交流中，在对陶艺作品的品鉴活动中，在陶艺作品的创作尝试中，同学们不断受到美的熏陶，感受陶瓷艺术独特的魅力，他们把这些感受诉诸笔端，连缀成文、成诗。当文学

与陶瓷邂逅在烂漫的春光里,《瓷语》这部书写德化陶瓷的校园文学作品集,绽放出了最绚丽多姿的花朵,得到德化陶瓷艺术大师和陶瓷爱好者的高度赞赏,他们纷纷要求学校要把这项活动持续办好、办下去,既让新一代瓷都人"读懂"德化瓷,更重要的是为丰富德化瓷的文化内涵带来无限可能。

四、科学部署凝聚共识,创新引领

(一)坚定"一张蓝图绘到底"的决心

一所学校的特色办学不是一朝一夕能够形成的,不能朝令夕改,更不能半途而废。确定好特色办学方向,就要有一张蓝图绘到底的觉悟,需要长期的坚持、发展和完善,让老师、学生、家长、社会认可,才能更有生命力。目前,学校的特色办学已取得阶段性成果,在未来将以实现特色办学内涵发展为工作重点,从教育思想、培养目标、教育管理、课程内容、师资建设和教学方法等方面做到有改革创新、有具体规划、有落实方案,并渗透到整个学校工作之中,使学校特色办学呈现出独特的、优化的、稳定的并带有开创性的个性风貌。只有这样,特色才能永不褪色,特色才能更加光彩照人,历久弥新。

(二)提升师资队伍和课程设置质量

学校的行政人员、科任老师在办学特色方面的建设视野和专业水平有限,需要继续发动、协调社会和高校力量共同参与,组建专家团队以更高站位、更全方位地对学校特色办学工作进行有效指导,寻求"陶瓷艺术"与"校园文学"两项办学特色融合发展的新思路,挖掘更多既能传承优秀文化、强化五育成效,同时又能提升教育教学质量的优质办学特色课程,使特色办学成为学校发展与学生成长的纽带,为学校的腾飞插上翅膀。

(三)为地方发展贡献学校育人力量

作为德化教育的"排头兵",学校特色办学要与全面贯彻党的教育方针,全面对标省市县党代会部署相结合。学校将以特色办学为载体,培养更多能够传承陶瓷技艺、宣传陶瓷文化、创新陶瓷产业的未来人才,为推动德化的高质量发展和早日实现"建设幸福宜居的世界瓷都"战略目标贡献学校智慧和力量。

(四)与办学特色同类型学校形成互动

学校特色办学的改革创新要取得新的突破,单靠闭门造车是行不通的,更需要进行办学特色同类型学校之间的互动交流,共同分享陶瓷艺术办学特色、校园文学办学特色所取得的阶段性成果,交流特色办学过程中遇到的问题,在互动交流中碰撞思想,互相借鉴,产生特色办学改革创新的新路径。因此,学校今后将主动与江西景德镇、湖南醴陵以及其他取得出色成绩的陶瓷艺术特色学校、校园文学传统名校等进行交流,吸收经验、开阔视野,提升学校特色办学水平。

第九章

加快学校发展　办学效益有"质量"

学校深刻认识到办好学校教育是关乎地方发展、赢得未来竞争、保障民生的关键问题。2018年，学校入选福建省首批示范性普通高中建设学校，学校上下同心，以真抓实干抢抓历史发展机遇，在县委县政府的大力支持下，正视问题、补齐短板，瞄准目标、奋起直追，以闭环管理压实责任链条，以严明奖惩激发队伍活力，坚决打赢学校教育事业发展的"攻坚战"，跑出德化一中教育发展的"加速度"，以"爱拼敢赢"的闽南人精神，朝着"打造特色鲜明的优质示范高中"的目标坚定前行。2022年3月，学校被确认为福建省首批30所示范性普通高中学校，学校发展掀开新的篇章。

一、教育教学锐意进取，硕果累累

（一）教育质量极大改善，获得各方高度肯定

回首过去，学校全体师生秉持"舍我其谁挑重担，为观奇景上高山"的担当，恪守"春蚕到死丝方尽，蜡炬成灰泪始干"的奉献，崇尚"纸上得来终觉浅，绝知此事要躬行"的实干，努力做人民满意的教育，得到了社会各界的高度肯定，创造了学校发展的新业绩、新辉煌。2018年，学校入选福建省首批示范性普通高中建设学校，第三批福建省中小学心理健康特色学校；2020年，学校获评首届福建省"文明校园"称号，入选"全国青少年校园冰雪运动特色学校"和泉州市"青少年科技教育示范学校"；2021年，学校获评第二届省级"文明校园"称号，入选第一批福建省"平安校园"；2022年，学校被教育部授予"2021年度网络学习空间应用普及

活动优秀学校";被省教育厅确认为"中小学智慧教育平台建设与应用试点校"。学校一年一个脚印,踏实而又坚定地精心谋篇、朴素叙事,为学校的持续发展和高质量发展打下坚实的基础。

(二)示范辐射形成影响,吸引媒体宣传推广

近年来,学校稳步笃行,教育教学取得全面发展,办学水平不断提高,吸引了众多媒体的关注。

2020年,《人民日报》(海外版)、人民网"人民图片"频道、东南网和《泉州晚报》等多家媒体对学校首届"瓷韵·文学之旅"研学夏令营进行宣传报道;《中国教育报》以《福建省德化第一中学:立足未来发展 打造多彩人生》为题宣传学校的教育教学工作;《莆田晚报》以《福建省德化一中与仙游龙华中学结对帮扶:百里"走读"支教,助力乡村教育》为题,宣传学校帮扶工作,并得到新华网客户端、《人民日报》客户端的转载;仙游广播电视台以《支教老师的一天》为题拍摄专题片,记录学校林志坚老师的支教日常。

2021年,《中国教育报》以《凤凰翱翔正当时——福建省德化第一中学建设省示范性普通高中成果丰硕》为题,对学校省示范高中建设工作进行宣传报道;《中国教师报》以《信息化如何助力教师成长》为题,对学校师资队伍建设进行宣传关注;东南网刊播《专访德化一中校长陈荣天:让山区的孩子也能享受最好的教育》,对学校办学工作进行宣传;《福建日报》以图片新闻形式关注学校陶瓷特色和击剑运动;《香港经济导报》(正刊)以《同心同德 行稳致远——福建德化一中积极探索推进教育教学与陶瓷文化融合发展》宣传学校陶瓷特色,并获得《光明日报》客户端、新华社客户端、中国报业客户端、学习强国等多家媒体客户端转载。

2022年,学校党建案例《一体两翼,凤凰高飞》《开展"三诺三比三争",增强党建工作实效》入选《中国教育报》在全国范围征集的"学校党建创新案例"活动,并在《中国教育报》客户端刊发宣传,示范辐射作用更加显著。

（三）育人成绩全面提升，保障学生健康成长

1. 教学成绩稳步提升

近年来，学校教学成绩进步显著，通过师生共同努力，学校教学成绩进步显著，在高分的"点"上和全体的"面"上均有收获。

年份	清华北大	双一流院校	本一（特控线）上线人数	本一（特控线）上线率	本科上线率
2018 年	1	81	300	35.38%	88.44%
2019 年	0	93	318	36.81%	90.86%
2020 年	1	92	357	41.03%	90.46%
2021 年	2	117	434	54.80%	96.59%
2022 年	3	118	440	58.67%	96.70%

备注：本科上线人数含了本一（特控线）人数。

2. 学生素质全面发展

学校先后设立涵盖"社会文化""学科拓展""体育竞技""文娱艺术"等四大类的学生社团 34 个，学生参与率高达 82%，专业的理论引导和实践操作，丰富多彩的社团活动，满足了学生个性化成长需求；在广泛开展阳光体育运动的基础上，学校将田径和游泳列为体育必修课，篮球、排球、足球、轮滑、羽毛球和乒乓球等列为选修课，探索击剑、攀岩和陆上赛艇等特色体育项目，这些丰富了学生体育项目选择，有效培养了学生体育锻炼的习惯和能力；"陶瓷艺术"和"校园文学"办学特色充分挖掘地域优势和学校历史，将美育与劳动教育有机结合，既关注了学生的全面成长，又服务了地方经济发展，为学生今后的幸福人生奠定坚实基础。学生体质测试合格率、按时毕业率和水平考试合格率稳步提升。

3. 拔尖人才有效培养

党的二十大报告指出："必须坚持科技是第一生产力、人才是第一资源、创新是第一动力。""要坚持教育优先发展、科技自立自强、人才引领驱动……着力造就拔尖创新人才。"学校长期重视拔尖人才培养，不仅做

好全体学生的成长培育，还注重对"强基计划""综合评价""单招"等项目人才的全面培养。在培优方面，学校重新审视学科竞赛对优质学生成长的引导作用，近年逐步启动数学、物理、化学、生物、信息技术、机器人大赛、创新大赛等7项学科竞赛工作，组建了包括42名学科竞赛辅导教师的教练组，200多名学生的学科竞赛团队。2018年以来，学生先后获得国家级奖项19人次，省级奖项183人次，市级奖项395人次。

（四）社会认可持续增强，助力学校跨越发展

学校的快速发展得到社会各界的充分肯定，以及历届校友的高度认同。因此，在学校破解一个又一个难题，努力进行省级示范高中建设之时，在学校落实一项又一项目标，用心筹备百年校庆之际，社会各界、历届校友均主动参与，不仅帮助破解难题、开拓思路，还慷慨解囊助力学校发展。在短短时间内，学校就收到各方捐赠的2000多万元。如先后捐赠300万元用于学校礼堂改造、师资队伍建设的陈少岳校友，投入150万港币并筹集教学辅房建设资金的徐志诚老校长，先后捐赠500多万元建设图书馆、设立奖教助学基金的郑海容校友等，就是对学校办学效益高度认同和极大肯定的最好证明。

在省级示范高中的建设周期里，县委县政府也举全县之力给予大力支持，从紧张的政府财政中每年投入500万元用于学校的建设提升，学校先后完成校园道路"白改黑"提级改造，教学辅助用房、科学楼礼堂、樱花木栈道、教师阅览室、陶瓷艺术中学、社团办公室等的建设，采购、安装教室空调，进行文学馆装修等基础设施建设；致力于新高考背景下学校教学、教研、管理与服务能力的提升，不断加快智慧校园基础设施和网络系统建设，分期完成科学楼网管中心、理化生实验室、学科功能教室的设备更新和网络系统建设，更新教育信息化设备，采购、配备教育教学管理软件等，推进教育信息化建设，有效改善办学条件。

二、举旗定向扎实推进，实绩惠民

（一）成为山区高中教育的先行者

作为山区县域高中，学校同样面临"县中困境"，面对教育变革如何

破局，在高质量教育体系建设中完成县中使命，作为省级示范高中，学校义不容辞。学校将继续深化教育改革创新，以提高质量和促进公平为核心，"对标找差、强优补短"，在立德树人、队伍建设、课程体系建设、教育科研、阳光体育、特色办学和示范辐射等方面进行更加深入的实践探索，不断丰富示范高中内涵，打造特色鲜明的优质示范高中。

（二）成为地方社会发展的服务者

作为一所百年老校，学校培养了近4万名学生，杰出校友遍布海内外，既有行业领军人物，也有普通岗位建设者，他们都在各自的岗位上为中华民族的伟大复兴、人类的发展贡献积极力量。2023年，学校将迎来百年校庆，德化县委县政府高位谋划，印发了《中共德化县委 德化县人民政府关于成立德化一中100周年校庆筹委会的通知》，制定《德化一中百年校庆与招商引才筹备工作方案》，将学校百年校庆作为全县招商引才工作的重要载体。学校将以此为契机，为家乡招商引才等工作穿针引线、铺路搭桥，凝聚校友力量，形成招商引资、招才引智强大合力，引导历届校友关注家乡发展，主动作为，成为家乡经济发展的推动者、助力者。

（三）成为地方优质教育的践行者

2023年秋季学期，霞田校区建成并投入使用。该校区总投资1.65亿，总建筑面积2.68万平方米，拥有2幢教学楼、1幢食堂、1幢宿舍及风雨操场，配套36个班级，学校规模化、集团化办学雏形初显。满足社会对优质教育资源的融通和共享需求，学校将在学习借鉴高中名校集团化办学经验的基础上，整合教育资源，整体谋划，培育积极向上的教育文化氛围，探索更适合山区高中集团化办学的最佳路径，让每个校区都焕发出蓬勃的生命活力，办人民满意的教育。

后　　记

  勇立潮头追梦行。学校全体师生清醒认识到，成绩终属过去，更美的风景永远在前方。从 2023 年开始，学校将开启新的一百年征程，全体一中人将以一流的信心、一流的精神、一流的作风、一流的业绩，用时间记录坚实的脚步，以岁月镌刻奋斗的足迹，继续打造特色鲜明的优质示范高中，创新开展教育教学改革，规范做好教育科研与教学管理，有效强化校园建设与品位提升，进一步扩大"陶瓷艺术"和"校园文学"办学特色影响，争创"全国文明校园"，有效增强示范辐射效应，抢抓历史机遇，以实践担当努力践行"满足人民对高质量教育的追求"的铮铮誓言。